Stefan Herbke

Altmühltal

Nördlinger Ries – Bayerischer Jura – Fränkisches Seenland

55 ausgewählte Wanderungen

ROTHER
BERGVERLAG

VORWORT

Wie so oft liegt das Gute so nah, in diesem Fall für viele sogar fast vor der Haustür. Zumindest im Zentrum Bayerns, schließlich befindet sich bei Kipfenberg der geografische Mittelpunkt Bayerns, und der ist von allen Ecken des Freistaats gut zu erreichen. Kipfenberg mit dem Naturpark Altmühltal bildet auch das Herzstück dieses Wanderführers, der im Süden bis fast nach Ingolstadt und zur Donau reicht, im Norden bis an die Stadtgrenzen von Nürnberg, im Osten bis Regensburg und im Westen das Nördlinger Ries sowie die Festspielstadt Feuchtwangen als Eckpunkte besitzt.

So vielfältig wie die Region zwischen Bayerischem Jura, Fränkischer Alb und Fränkischem Seenland sind auch die Wanderungen in dieser einmaligen Natur- und Kulturlandschaft. Mal geht es durch traumhaft schattige Buchenwälder, dann wieder über karge Trockenrasenwiesen, im Tal schlängeln sich entlang geruhsam fließender Gewässer schöne Pfade, während man von den Höhen der Alb weite Blicke hinaus ins Land genießt. Kecke Felszacken bilden hie und da die fotogene Kulisse und ein sportliches Betätigungsfeld für Kletterer. Verfallene Ruinen, mächtige Burgen und Schlösser sowie viele römische Zeugnisse wie Gutshöfe, Kastelle, Wachtürme oder der Limes erinnern an die lange Siedlungsgeschichte der Region. Noch weiter zurück in der Geschichte entführen die Steinbrüche, in denen nicht nur der Nachwuchs mit großem Eifer den Fossilien auf der Spur ist.

Im Herzen Bayerns ist Massentourismus noch ein Fremdwort, wenngleich an schönen Wochenenden die Seen oder der Radweg durch das Altmühltal wahre Besuchermagneten sind. Doch ein wenig abseits davon ist es still und ruhig, und so sind die Wanderwege manchmal nur schwer zu erkennen, häufig zugewachsen und die Markierungen spärlich gestreut. Doch genau das macht den Reiz aus, denn wer mit offenen Augen wandert, der entdeckt immer wieder aufs Neue kleine Pfade und Steige, die sich herrlich in die Touren einbauen lassen.

In der Mitte Bayerns gibt es viel zu entdecken, und eines ist sicher – wer einmal hier unterwegs war, der wird immer wieder kommen.

Beilngries, im Frühjahr 2022 Stefan Herbke

Traumlage über dem Altmühltal: Schloss Prunn (Tour 45).

INHALTSVERZEICHNIS

Vorwort 3

Übersichtskarte
Top-Touren 8
Allgemeine Hinweise 10
    Schwierigkeitskategorien 10
    Symbole 11
    GPS-Tracks und Koordinaten der Ausgangspunkte ... 13
Wanderregion Altmühltal 16

Nördlinger Ries und Fränkisches Seenland

TOP **1**	3.00 h	Über und um den Hesselberg, 689 m	26
2	2.45 h	Zwischen Hammerschmiede und Friedrichsthal	28
3	2.00 h	Von Oettingen nach Lehmingen	30
4	2.15 h	Die Steinerne Rinne bei Hechlingen	32
5	2.00 h	Von Heidenheim zum Rechenberg	34
6	5.30 h	Zum Altmühlsee	36
TOP **7**	4.00 h	Von Spalt zum Brombachsee	40
8	3.15 h	Von Spalt in die Massendorfer Schlucht	44
9	2.45 h	Durch den Heidenbergforst	46
10	3.00 h	Von Schwimbach auf den Auer Berg	48
TOP **11**	3.45 h	Archäologischer Wanderweg Thalmässing	50

Naturpark Altmühltal

12	2.45 h	Von Zirgesheim nach Schäfstall	54
13	2.45 h	Von Wemding auf die Platte	56
14	2.30 h	Von Treuchtlingen zum Karlsgraben	58
15	2.30 h	Von Weißenburg in den Ludwigswald	60
TOP **16**	4.00 h	Von Weißenburg auf die Alb	62
17	3.00 h	Zwischen Anlauter- und Altenwassertal	66
18	2.45 h	Auf den Pappenheimer Weinberg	68
19	3.30 h	Von Solnhofen nach Eßlingen	70
TOP **20**	3.30 h	Der Oberlandsteig bei Konstein	72
21	3.15 h	Von Wellheim nach Hard	74
22	3.30 h	Traumhafte Pfade bei Dollnstein	76
23	4.00 h	Von Dollnstein nach Schönfeld	78
24	3.00 h	Naturlehrpfad Obereichstätt	80
TOP **25**	3.30 h	Panoramawege über Eichstätt	82
26	3.30 h	Höhepunkte östlich von Eichstätt	84
27	2.30 h	Von Arnsberg nach Gungolding	86
28	3.15 h	Rundtour im Schambachtal	88
29	4.00 h	Aussichtswanderung über Kipfenberg	90
30	3.30 h	Kindinger Wanderziele	92

31	2.45 h	Von Kinding nach Unteremmendorf	95
32	3.00 h	Von Greding ins Agbachtal	98
33	4.15 h	Durchs idyllische Kaisinger Tal	101
34	3.00 h	Erasbach am Nordrand der Frankenalb	104
35	5.00 h	Von Berching auf die Albhochfläche	107
36	3.00 h	Von Beilngries durch das Sulztal	110
TOP **37**	5.00 h	Drei Berge über Beilngries	113
38	3.30 h	Von Beilngries auf den Arzberg	116
39	4.00 h	Von Dietfurt nach Mühlbach	119
40	4.00 h	Wissinger und Weiße Laber	122
TOP **41**	2.45 h	Die Wissinger Laber nördlich von Breitenbrunn	124
42	3.00 h	Von Breitenbrunn nach Buch	126
43	2.45 h	Roßkopf und Flügelsberg	128
44	4.30 h	Zwischen Riedenburg und Gundlfing	130
45	3.30 h	Von Riedenburg zum Schloss Prunn	134
46	3.00 h	Erlebnispfad Juralandschaft in Essing	137
TOP **47**	4.45 h	Trockenrasen um Altmannstein	140
48	3.15 h	Zum Kloster Weltenburg	144

Bayerischer Jura

49	3.00 h	Im Tal der Schwarzach	148
50	3.30 h	Natur pur bei Neumarkt	150
51	2.30 h	Nach Sulzbürg	152
52	3.00 h	Sanfte Höhen über Deining	154
53	4.30 h	Der Malerweg bei Parsberg	156
54	4.00 h	Von Beratzhausen nach Deuerling	158
55	4.00 h	Rund um Schönhofen	161

Stichwortverzeichnis 164

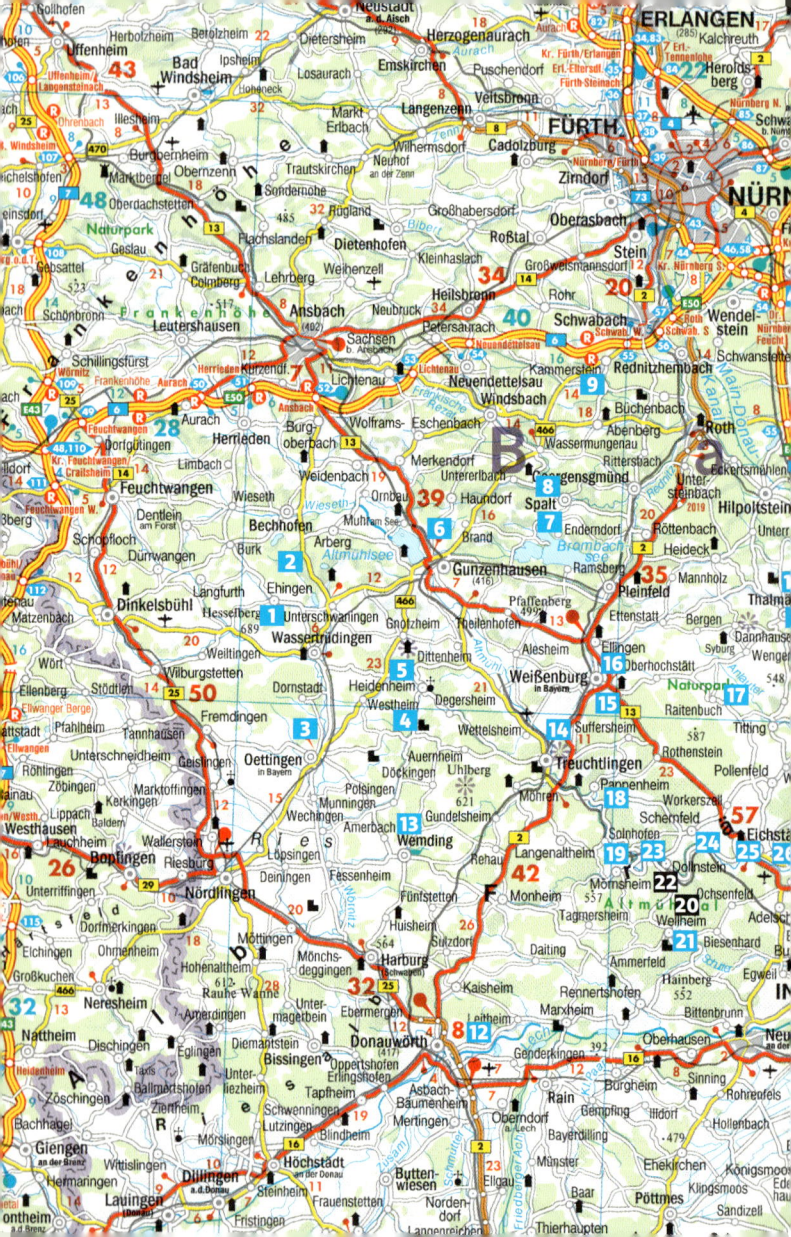

TOP-TOUREN

Über und um den Hesselberg
Kleine Bergwanderung auf den höchsten Berg Mittelfrankens mit umfassender Rundsicht (Tour 1, 3.00 Std.).

Von Spalt zum Brombachsee
Rundtour zu einer riesigen Badewanne und durch eine sehenswerte Schlucht (Tour 7, 4.00 Std.).

Archäologischer Wanderweg Thalmässing
Abwechslungsreiche Wanderung mit vorgeschichtlichem Anschauungsunterricht (Tour 11, 3.45 Std.).

Von Weißenburg auf die Alb
Anstrengende Runde mit großartigen Ausblicken und der imposanten Wülzburg als Höhepunkt (Tour 16, 4.00 Std.).

Der Oberlandsteig bei Konstein
Felsiges Übungsgelände mit einem überraschend exponierten Klettersteig für Könner und einer leichteren Variante (Tour 20, 3.30 Std.).

Die Wissinger Laaber bei Breitenbrunn
Einsame Runde durch weitgehend unberührte Täler, wo Bäche noch richtig mäandrieren dürfen (Tour 41, 2.45 Std.).

Panoramawege über Eichstätt
Kultur, Natur und Geschichte in einer abwechslungsreichen Rundtour vereint (Tour 25, 3.30 Std.).

Drei Berge über Beilngries
Sehr vielseitige Wanderung auf wunderschönen Steigen zum größten Inselberg Europas (Tour 37, 5.00 Std.).

Trockenrasen um Altmannstein
Sehr lange Rundtour mit immer wieder neuen landschaftlichen Höhepunkten wie dem Naturschutzgebiet Kreutberg (Tour 47, 4.45 Std.).

ALLGEMEINE HINWEISE

Anforderungen

Ein Großteil der Wanderungen ist für durchschnittlich trainierte Personen ohne Weiteres zu bewältigen; das gilt sowohl für die Kondition als auch für die Schwierigkeit. Forststraßen oder Feldwege sind bequem und eignen sich z. T. auch für Kinderwagen. Wo es möglich ist, wurde die Route aber so gewählt, dass man die Landschaft auf schmalen Steigen und Pfaden erleben kann. Bis auf den Oberlandsteig (Tour 20) und den Jägersteig (Tour 22) gibt es keine Routen, die als schwierig (»schwarz«) eingestuft sind. Entsprechende Vorsicht bei Abstechern zu Felskanzeln, die als Aussichtslogen über dem Tal aufragen, sollte man natürlich walten lassen. Steigungen sind auf fast allen Touren zu bewältigen, allerdings bewegen sie sich in überschaubarem Rahmen – zwischen Tal und Albhöhe beträgt der Höhenunterschied maximal 200 Meter. Anstrengend wird es nur, wenn eine Tour mehrmals zwischen Albhöhe und Tal pendelt. Um die jeweiligen Anforderungen besser einschätzen zu können, wurden den Touren verschiedenen Farben zugewiesen:

Auf den Trockenhängen wachsen im Frühjahr viele Küchenschellen.

SCHWIERIGKEITSKATEGORIEN

■ = Leicht
Bei diesen Wanderungen sind die Wege zwar meist nicht lückenlos markiert, jedoch ausreichend breit und nur mäßig steil, daher auch bei schlechtem Wetter relativ gefahrlos zu begehen. Diese Touren ohne größere Schwierigkeiten sind auch für Kinder und Senioren gut geeignet.

■ = Mittel
Diese Touren verlaufen auf überwiegend schmalen Steigen, kurze Abschnitte können etwas ausgesetzt sein. Sie sollten daher nur von trittsicheren Wanderern mit entsprechender Ausrüstung begangen werden.

■ = Schwierig
Hier sind die Steige schmal und über weite Abschnitte steil. Stellenweise können sie sehr ausgesetzt sein, zum Teil auch mit Drahtseilen gesichert. Das bedeutet, dass diese Touren nur von absolut trittsicheren, konditionsstarken und erfahrenen Wanderern angegangen werden sollten.

SYMBOLE

Symbole im Tourenkopf
- 🚌 Mit Bahn/Bus erreichbar
- ✗ Einkehrmöglichkeit unterwegs
- 👪 für Kinder geeignet

Symbole im Höhenprofil
- Ort mit Einkehrmöglichkeit
- Einkehrmöglichkeit
- Bahnhof
- P eingerichteter Parkplatz
- Kirche, Kapelle, Kloster
- Burg, Schloss, Ruine
- ∴ archäologische Stätte, Burgstall
- Aussichtsplatz
- ☨ Picknick-, Rastplatz
- Unterstands-, Schutzhütte
- † Wegkreuz, Marterl, Bildstock
-)(Brücke
- ∩ Höhle
- Quelle

Tourenplanung

Um ohne größeren Aufwand zum Ausgangspunkt zurückzukehren, sind die Wanderungen als Rundtouren geplant. Ausnahmen: Bei Tour 36 von Beilngries durch das Sulztal nach Berching und Tour 54 von Beratzhausen entlang der Schwarzen Laaber nach Deuerling handelt es sich um Streckenwanderungen. Zwischen den Ausgangs- und Endpunkten verkehren allerdings Busse bzw. Züge, sodass die Nutzung öffentlicher Verkehrsmittel auf der Hand liegt.

Die Wanderungen können immer verkürzt oder verlängert werden, wobei gutes Kartenmaterial wertvolle Hilfe leistet (siehe S. 14).

Felsköpfe oberhalb der Arnsberger Leite und dem Altmühltal (Tour 29).

Beilngries ist bekannt für seine schöne Innenstadt. Hier starten auch viele Wanderwege.

Anfahrt

In Nord-Süd-Richtung führt die A9 Nürnberg – München durch den Mittelteil des Gebiets, entlang der Nordostgrenze die A3 Nürnberg – Regensburg, im Südosten die A93 Regensburg – Holledau und im Nordwesten die A6 Nürnberg – Heilbronn. Von den Ausfahrten sind alle Ausgangspunkte der Wanderung auf guten, teilweise aber recht kurvigen Straßen zu erreichen.

Öffentliche Verkehrsmittel

Mit der Bahn können viele Ausgangspunkte bequem erreicht werden, z. B. Kinding (Regionalbahnhof an der ICE-Strecke München – Nürnberg), Eichstätt, Dollnstein, Solnhofen, Pappenheim, Treuchtlingen, Parsberg, Weißenburg, Gunzenhausen und Beratzhausen. Viele Orte werden fahrplanmäßig von Bussen angefahren.

An Wochenenden und Feiertagen zwischen Mai und Anfang Oktober fährt der Freizeitbus (Linie 6010, mit Fahrradanhänger) zwischen Dollnstein und Regensburg durch das Altmühltal. Ebenfalls im Sommer verbinden drei Freizeitlinien (Kanal-Altmühl-Express, Rothsee-Express, Gredl-Express) den Nürnberger Raum mit dem Altmühltal.

Fahrpläne, Ticketpreise und alle weiteren Informationen zu den öffentlichen Verkehrsmitteln unter:

- www.bahn.de
- www.bayern-fahrplan.de
- www.dbregiobus-bayern.de
- www.vgn.de/freizeitlinien/altmuehltal

Einkehrmöglichkeiten

Gemütliche Gasthäuser und Biergärten gibt es auf fast allen Touren zwischen Nördlinger Ries und Kelheim. Dazu kosten Schweinsbraten und Bier im Umkreis des Altmühltals nicht die Welt. Als Folge des Tourismusbooms im Fränkischen Seenland und entlang der immer beliebteren Radwanderwege weist das Preisniveau allerdings auch hier tendenziell nach oben. Aufgrund möglicher variierender Öffnungszeiten empfiehlt es sich, vor der Wanderung online oder telefonisch aktuelle Informationen einzuholen.

Gehzeiten
Die angegebenen Gehzeiten sind großzügig berechnet. Dabei wird bei überwiegend flachen Wegen eine Gehgeschwindigkeit von 4 bis 5 km pro Stunde angenommen, bei größeren Steigungen etwas weniger. Bei den Angaben handelt es sich um die reine Gehzeit, Pausen zur Rast, zur Einkehr, zum Fotografieren sowie Zeiten für Besichtigungen oder das Durchlesen von Schautafeln sind nicht eingerechnet.

Höhenunterschiede
In der Fränkischen Alb sind die Höhenunterschiede im Vergleich zu den Alpen sehr gering. In der Regel hat sich die Altmühl zwischen 100 m und 150 m tief in die Hochfläche eingeschnitten. Im Bayerischen Jura oder dem Fränkischen Seenland sind die Höhenunterschiede meist noch geringer. Ausnahme: Am Hesselberg (Tour 1) liegen zwischen Tal und Gipfel über 250 Hm. Da viele Touren mehrmals auf die Albhochfläche führen, können sich die Höhenunterschiede allerdings summieren. Der angegebene Höhenunterschied umfasst die Summe aller bei Anstiegen zurückgelegten Höhenmeter inklusive Gegensteigungen.

Markierungen
Grundsätzlich sind im Bereich des Naturparks Altmühltal die Wanderwege mit grünen Ziffern auf gelbem Untergrund oder dem Symbol für den Altmühltal-Panoramaweg markiert. In der Praxis wurden jedoch in den letzten Jahren viele Wege neu markiert (auch die Nummerierung änderte sich), sodass der Mix aus alten, häufig verblichenen und am Boden liegenden Wegweisern und neuen Schildern oft für Verwirrung sorgt. Zudem sind selbst die neuen Markierungen lückenhaft und teilweise schon wieder zugewachsen. Orientierungsvermögen und das Gespür für den richtigen Weg sind aus diesem Grund sehr hilfreich.

GPS-TRACKS UND KOORDINATEN DER AUSGANGSPUNKTE

Zu diesem Wanderführer stehen auf www.rother.de GPS-Tracks und Koordinaten der Ausgangspunkte zum kostenlosen Download bereit.
6. Auflage, Passwort: 431506bam
Sämtliche GPS-Daten wurden vom Autor im Gelände erfasst. Verlag und Autor haben die Tracks und Wegpunkte nach bestem Wissen und Gewissen überprüft. Dennoch können wir Fehler oder Abweichungen nicht ausschließen, außerdem können sich die Gegebenheiten vor Ort zwischenzeitlich verändert haben. GPS-Daten sind zwar eine hervorragende Planungs- und Navigationshilfe, erfordern aber nach wie vor sorgfältige Vorbereitung, eigene Orientierungsfähigkeit sowie Sachverstand in der Beurteilung der jeweiligen (Gelände-)Situation. Man sollte sich für die Orientierung auch niemals ausschließlich auf GPS-Gerät und -Daten verlassen.

Karten

Jede Tourenbeschreibung wird durch eine Kartenskizze illustriert, die den Verlauf der Tour grundsätzlich nachvollziehbar macht.

Zur Übersicht bieten sich die Umgebungskarten des Landesamtes für Digitalisierung, Breitband und Vermessung Bayern (www.ldbv.bayern.de) an. Im Maßstab 1:50.000 (UK50) enthalten die Kartenblätter neben dem Wander- und Radwanderwegenetz ausgewählte Sehenswürdigkeiten und Freizeitinfos sowie ein UTM-Koordinatengitter für GPS-Anwender. Letzteres gilt auch für die detaillierteren Amtlichen Topografischen Karten im Maßstab 1:25.000 (ATK25), in denen ebenfalls die ausgeschilderten Wanderwege und Radwanderwege dargestellt sind.

Ostanstieg auf den Michelsberg (Tour 29).

INFORMATIONEN UND ADRESSEN

Tourist-Informationen

Informationszentrum Naturpark Altmühltal, Notre Dame 1, 85072 Eichstätt, Tel. +49 8421 98 76-0, www.naturpark-altmuehltal.de

Tourismusverband Fränkisches Seenland, Hafnermarkt 13, 91710 Gunzenhausen, Tel. +49 9831 5001-20, www.fraenkisches-seenland.de

Ferienland Donau-Ries e. V., Pflegstraße 2, 86609 Donauwörth, Tel. +49 906 746060, www.ferienland-donau-ries.de

Tourismus Landkreis Neumarkt i. d. OPf., Nürnberger Straße 1, 92318 Neumarkt i. d. OPf., www.tourismus-landkreis-neumarkt.de

Landratsamt Regensburg, Tourismus und Naherholung, Altmühlstraße 3, 93059 Regensburg, Tel. +49 941 4009-495, www.landkreis-regensburg.de

Tourismusverband im Landkreis Kelheim e. V., Donaupark 13, 93309 Kelheim, Tel. +49 9441 207-7330, www.herzstueck.bayern

Tourist-Informationsstelle Beratzhausen, Marktstraße 33, 93176 Beratzhausen, Tel. +49 9493 940019, www.beratzhausen.com

BAYERN TOURISMUS Marketing GmbH, www.bayern.by (Website mit regionalen und thematischen Links)

Wandervereine

Fränkischer Albverein e. V., Heynestraße 41, 90443 Nürnberg, Tel. +49 911 429582, www.fraenkischer-albverein.de.

Der Umwelt zuliebe ...

Auch beim Wandern hinterlassen wir einen ökologischen Fußabdruck, aber im Einklang mit der Natur unterwegs zu sein, ist gar nicht so schwer!

VORBEREITUNG UND ANFAHRT
- Sich vorab informieren, worauf in Bezug auf Natur und Umwelt in der jeweiligen Wanderregion besonders zu achten ist.
- Soweit möglich mit Bahn und Bus anreisen, Wander- und Rufbusse nutzen.
- Ist eine Anfahrt mit dem Auto nötig, Fahrgemeinschaften bilden.
- Bei weiten Anfahrten Mehrtagestouren planen oder von einem Quartier vor Ort aus mehrere Touren absolvieren.
- Flugreisen möglichst reduzieren und durch Beiträge zu Klimaschutzprojekten kompensieren.

KLEIDUNG UND AUSRÜSTUNG
- Beim Kauf von Outdoor-Kleidung auf umweltfreundliche und faire Herstellung achten und Kleidungsstücke möglichst viele Jahre nutzen.
- Ausrüstung kann man eventuell auch gebraucht kaufen oder ausleihen.
- Reparieren statt neu kaufen.

VERPFLEGUNG
- Beim Einkauf Bio-Ware, regionale und saisonale Erzeugnisse bevorzugen.
- Hütten und Gasthäuser auswählen, die regionale Produkte verwenden.
- Auf Einwegflaschen und Plastikverpackungen verzichten, stattdessen wiederverwendbare Trinkflaschen und Brotzeitboxen benutzen.

ÜBERNACHTUNG
- Bei lokalen Anbietern buchen, damit Menschen vor Ort profitieren.
- Auf Hütten und in anderen Unterkünften Strom und Wasser sparen.

UNTERWEGS
- Wege benutzen und Abkürzer vermeiden.
- Sperrungen von Wegen und Schutzgebieten respektieren.
- Keine Blumen pflücken und keine Pflanzen entnehmen.
- Waldbrandgefahr beachten.
- Müll wieder mit nach Hause nehmen und dort entsorgen.
- Toilettengänge in freier Natur möglichst vermeiden.
- Lärm vermeiden.
- Hunde an die Leine nehmen.

WANDERREGION ALTMÜHLTAL

Nördlinger Ries und Fränkisches Seenland
Die weite, nahezu kreisrunde Ebene des Nördlinger Ries gilt als eine der interessantesten geologischen Erscheinungen Europas. Sie ist die Folge einer Naturkatastrophe, bei der ein Meteorit mit 100-facher Schallgeschwindigkeit in die Schwäbische Alb einschlug. Im Zentrum des Kraters befindet sich das hübsche Städtchen Nördlingen mit seinem geschlossenen Mauerring, elf Türmen und fünf Toren.

Die fränkische Seenplatte rund 30 km südlich von Nürnberg ist eine künstlich geschaffene Freizeitwelt, die im Sommer mittlerweile vom eigenen Erfolg überrollt wird. Tausende Erholungssuchende strömen an die Seen mit ihren Liegewiesen und Sandstränden: Altmühlsee (320 ha Wasserfläche, Länge 4 km, Breite 1,7 km, Tiefe bis 3 m), Großer Brombachsee (870 ha Wasserfläche, Länge 5,1 km, Breite 2 km, Tiefe bis 32,5 m), Kleiner Brombachsee (250 ha Wasserfläche, Länge 2,2 km, Breite 1,25 km, Tiefe bis 12 m), Igelsbachsee (90 ha Wasserfläche, Länge 2,8 km, Breite 0,4 km, Tiefe bis 11 m) und Rothsee (210 ha Wasserfläche, Länge 4,6 km, Breite 2,1 km, Tiefe bis zu 15 m) heißen die aufgestauten Seen, die zum Schwimmen, Surfen, Segeln, Bootfahren, Angeln und Tauchen einladen. Entstanden sind sie aus dem größten wasserwirtschaftlichen Bauvorhaben in der Geschichte Bayerns, bei dem Altmühl- und Donauwasser in das Regnitz-Main-Gebiet und damit über die Europäische Hauptwasserscheide geleitet wird. Neben den Freizeitaktivitäten wird auch der Naturschutzaspekt gebührend berücksichtigt.

Wasserläufe wie die Wörnitz bei Wassertrüdingen dürfen noch naturnah mäandrieren.

Das Naturschutzgebiet »Vogelfreistätte Flachwasser- und Inselzone im Altmühlsee« mit der Vogelinsel ist etwas über 200 ha groß und nimmt damit ungefähr zwei Fünftel der Seefläche ein. Das geschützte Gebiet mit Flachwasserzonen, Feuchtwiesen, Schilf- und Gebüschgürtel bildet den Lebensraum für eine große Vielfalt von Pflanzen und Tieren und ist Rückzugsgebiet für seltene Vögel. Führungen für Erwachsene und Familien finden in der Zeit von Mitte März bis Mitte Oktober immer mittwochs und sonntags um 16 Uhr statt. Gruppen ab zehn Personen können telefonisch separate Vogelinselführungen und auch Kinderführungen vereinbaren (Tel. 09831 4820, www.altmuehlsee.lbv.de). Treffpunkt ist das Infohaus des LBV (Landesbund für Vogelschutz) an der Vogelinsel.

Bei Kipfenberg wurde ein Wachturm des Limes nachgebaut (Tour 29).

Naturpark Altmühltal

Das von der Altmühl durchflossene Altmühltal bildet den Kernbereich des am 25. Juli 1969 gegründeten Naturparks Altmühltal, der sich auf einer Fläche von 2906 km² im Zentrum Bayerns erstreckt und damit der zweitgrößte Naturpark Deutschlands ist: ein malerisches Tal mit einem zumindest bis Töging bei Dietfurt naturnahen Fluss (im Abschnitt bis Kelheim hat der Main-Donau-Kanal die Altmühl ersetzt), mit dicht bewaldeten Laubwäldern an den Flussufern, die sich im Herbst in leuchtenden Farbtönen präsentieren, mit malerischen Felsformationen, Trockenrasenhängen und Wacholderheiden. Einen besonderen Reiz strahlen auch die ruhigen Seitentäler wie Schambachtal, Anlautertal oder Wellheimer Trockental aus. Durch Letzteres floss vor 200.000 Jahren die Ur-Donau ins Altmühltal; die Altmühl mündete in Dollnstein in die Donau, ehe diese ihren Flusslauf änderte und zuletzt bei Weltenburg das großartige Durchbruchtal schuf (siehe Tour 48).

Neben vielfältigen Freizeitmöglichkeiten bietet die Region zahlreiche kulturelle Sehenswürdigkeiten wie Römerbauten und -funde, Zeugnisse der Vor- und Frühgeschichte (bereits vor 50.000 Jahren lebten in den Höhlen Menschen), mittelalterliche Burgen, Schlösser, Kirchen und Museen. Von besonderer historischer Bedeutung ist der Obergermanisch-raetische Limes, der vor knapp 2000 Jahren quer durch den heutigen Naturpark verlief und seit 2005 zum UNESCO-Weltkulturerbe »Grenzanlagen des Römischen Reiches« zählt. Seitdem findet diese Attraktion auch stärkere

Tiefblick vom Jägersteig oberhalb von Dollnstein (Tour 22).

Beachtung und es gibt mit dem Bayerischen Limes-Informationszentrum in Weißenburg (www.museen-weissenburg.de) und dem Infopoint Limes auf der Burg Kipfenberg (www.bajuwaren-kipfenberg.de) adäquate Stellen, in denen die Historie der römischen Grenzbefestigung anschaulich, informativ und unterhaltsam zu erleben ist. Südwestlich von Kehlheim trifft der Obergermanisch-raetische Limes auf den Donaulimes, der sich in Bayern über Regensburg bis Passau fortsetzt und 2021 in die Liste des UNESCO-Weltkulturerbes aufgenommen wurde. Noch weiter zurück in die Geschichte der Region entführen Steinbrüche und Fossilienmuseen im Naturpark, in denen man sogar auf eigene Faust nach Fossilien suchen kann (vgl. S. 19).
Auch wenn weite Bereiche der Südlichen Frankenalb von der Landwirtschaft genutzt werden, ist knapp die Hälfte der gesamten Naturparkfläche bewaldet. Typisch für die Region sind die Mager- und Trockenrasen als wichtige Lebensräume für viele seltene und gefährdete Tier- und Pflanzenarten. Selbst Pflanzen aus den Alpen wie Silberdistel oder Küchenschelle wachsen hier. Um die drohende Verbuschung zu stoppen, werden die Mager- und Trockenrasen wieder wie früher durch Schafe beweidet. Passend dazu wurden Veranstaltungen wie der Lammauftrieb in Mörnsheim oder der Lammabtrieb in Böhming ins Leben gerufen, bei denen die Schafe publikumswirksam durch die Orte getrieben werden. Auch auf den zahlreichen Veranstaltungen, die den ganzen Sommer über in den Orten abgehalten werden, dürfen die Tiere nicht fehlen: Fast immer sind ein paar Schafe mit ihren Lämmern dabei, die von den Kindern eifrig gefüttert werden. Passend dazu bieten viele Gastwirte Lammspezialitäten an.

Neben dem Informations- und Umweltzentrum Naturpark Altmühltal in Eichstätt gibt es seit 1999 ein weiteres Informationszentrum samt Ausstellung im Stadtschloss von Treuchtlingen. In zwei Geschossen und einem historischen Gewölbekeller werden mehrere Dauerausstellungen gezeigt.

Bayerischer Jura
Auerbach i. d. OPf. im Norden, Neumarkt i. d. OPf. im Westen, Mainburg im Süden und Regensburg im Osten bilden die Eckpunkte der Tourismusregion Bayerischer Jura, die mit ihren Flusstälern und sanft gewellten Hochebenen, mit ihren Wacholderheiden und Trockenrasenhängen sowie ihren ausgedehnten Wäldern landschaftlich überaus viel Abwechslung bietet. Ein Höhepunkt des Bayerischen Jura ist das Naturschutzgebiet Weltenburger Enge mit dem imposanten, von bis zu 80 Meter hohen Felsen begrenzten Donaudurchbruch zwischen dem Kloster Weltenburg und Kelheim, das 1978 vom Europarat als »Naturerbe von europäischem Rang« mit dem Europadiplom ausgezeichnet wurde, das inzwischen bis 2028 verlängert wurde. Zwischen Neumarkt, Berching, Dietfurt und Regensburg erstrecken sich die Oberpfälzer Juratäler, die sich im Bereich der Altmühl mit dem Naturpark überschneiden. In den wasserreichen Tälern mit ihren mäandrierenden Flüssen und Bächen, mit saftigen Wiesen, dichten Laubwäldern und malerischen Kalksteinriffen erinnern viele alte Mühlen an die Nutzung der Wasserkraft. Einige der sanft in den Jura eingeschnittenen Täler sind nur zu Fuß oder mit dem Fahrrad zu erreichen und für Wanderer kleine Paradiese.

Faszinierend: Mager- und Trockenrasen wie hier bei Gungolding (Tour 27).

Im Naturpark Altmühltal finden Mountainbiker traumhafte Trails.

Freizeitaktivitäten
Über die schönen Wandermöglichkeiten hinaus bietet die Region ein vielfältiges Angebot an Freizeitaktivitäten. Hier eine Auswahl:

■ **Radfahren**
Der Naturpark Altmühltal und das Fränkische Seenland sind ein Paradies für Radler: perfekte Wege abseits der Straßen, eine gute Beschilderung, kaum Anstiege und immer wieder gemütliche Einkehrmöglichkeiten am Wegrand oder malerische Dörfer und Städte, die zu Besichtigungen einladen. Das Radwegenetz ermöglicht auch Touren über mehrere Tage. Drahtesel sind in den meisten Ortschaften zu mieten, auch Radreparaturwerkstätten gibt es reichlich. Touren mit Gepäcktransport bietet z. B. Natour, Tel. 09141 9229-29, www.natour.de.

Die beliebtesten Radwege:
− Altmühltal-Radweg: Bei flotter Fahrweise kann der rund 160 km lange Radwanderweg von Gunzenhausen nach Kelheim in zwei Tagen zurückgelegt werden. Ansonsten teilt man sich die Tour in mehrere Halb- oder Tagesetappen auf. Die Strecke ist überwiegend flach und eignet sich auch gut für Familien mit Kindern. Teilabschnitte zwischen den Etappenorten: Gunzenhausen − Pappenheim (38 km) − Eichstätt (37 km) − Beilngries (42 km) − Kelheim (42 km).
− Anlautertal: Dieses Seitental der Altmühl kann wunderbar in eine Radtour eingebaut werden. Bei einer Rundtour ist allerdings ein Anstieg auf die Jurahochfläche unvermeidlich.

■ **Bootswandern**
Der Ausdruck passt, da die Altmühl nur langsam fließt und z. T., wie zwischen Kinding und Kratzmühle, mehr einem stehenden Gewässer gleicht, für entspannte Touren mit dem Schlauchboot oder Kanu mit der ganzen

Die geruhsam fließende Altmühl ist ideal für Familienausflüge mit dem Paddelboot.

Familie ist das genau das Richtige. Rund 150 km liegen zwischen Gunzenhausen und Kelheim, wobei bis Töging bei Dietfurt auf der Altmühl gepaddelt wird, die restlichen 34 km führen weniger attraktiv auf dem Main-Donau-Kanal. Entlang des Flusses mit seinen zahlreichen Windungen gibt es viele Anlegemöglichkeiten, häufig mit Picknickplatz, z. T. auch mit Zeltmöglichkeit zur Übernachtung.
Bootsverleih (meist mit Gepäck- und Rücktransfer) u. a. in:
− Beilngries: Naturama, Tel. 08461 606730, www.naturama-beilngries.de.
− Dietfurt: Der Sonnige Altmühltaler, Renate Janz, Tel. 0170 3421923, www.der-sonnige-altmuehltaler.de; Kanuverleih Grögling, Tel. 08464 8167.
− Treuchtlingen: Frankenboot, Tel. 09142 4645, www.frankenboot.de.
− Pappenheim: Bootsverleih Altmühl, Tel. 09143 837834, www.bootsverleih-altmuehl.de; Bootsverleih Ernst Gruber, Tel. 09149 1271, www.bootsverleih-gruber.de; Bootsverleih Zimmern, Tel. 09143 432, www.bootsverleih-zimmern.de.
− Dollnstein: Gegg's Bootsverleih, Tel. 08422 691, www.kanuvermietung-altmuehltal.de.
− Solnhofen: AktivMühle − Kanuzentrum Altmühltal, Tel. 09145 836818, www.aktivmuehle.de.
− Eichstätt: Sport & action Kanuvermietung, Tel. 0172 2438259, www.kanuvermietung-bacherle.de; KANUUH Kanuverleih und -touren Wolfgang Chmella, Tel. 08421 2110, www.kanuuh.de (auch in Solnhofen und Kipfenberg); Glas Kanuvermietung, Tel. 08421 3055, www.boote-glas.de.
− Pollenfeld: Schmidts Bootsverleih, Tel. 0162 8793139, www.bootsverleih-altmuehltal.de.
Mehr zu Anbietern, Touren, Bootsrastplätzen sowie Tipps und Infos gibt es beim Naturpark Altmühltal, www.naturpark-altmuehltal.de.

■ Schifffahrt

Auf der Donau zwischen Kelheim und Kloster Weltenburg (Donaudurchbruch), dem Main-Donau-Kanal zwischen Kelheim und Riedenburg oder den Seen im Fränkischen Seenland werden im Sommer Ausflugsfahrten angeboten:

– Im Altmühltal und auf der Donau: Informationen und Adressen unter www.schifffahrt-kelheim.de.
– Auf dem Altmühlsee: April bis Anfang Nov., Info unter Tel. 09831 508-192, www.altmuehlsee.de.
– Am Großen Brombachsee: Anlegestellen in Ramsberg, Absberg, Enderndorf, Allmannsdorf und Pleinfeld, Mitte April bis Ende Okt., Info unter Tel. 09144 92705-0, www.msbrombachsee.com.

■ Klettern

Im Bereich des Altmühltals, des Wellheimer Trockentals sowie des Donaudurchbruchs gibt es zahlreiche interessante Felsgestalten. Nicht alle stehen so frei wie der 45 m hohe Burgsteinfelsen in Dollnstein oder der 50 m hohe Dohlenfelsen bei Aicha. Viele Felsgruppen verstecken sich unter dem dichten Blätterdach und sind nur mit entsprechender Ortskenntnis oder guter Beschreibung zu finden. Aus Naturschutzgründen ist an einigen Felsen das Klettern verboten (z. T. auch nur zu bestimmten Zeiten), entsprechende Vorschriften sollten im Interesse des Kletterns beachtet werden.

Je nach Verhältnissen kann das ganze Jahr über geklettert werden, die Routen reichen bis zum X. Schwierigkeitsgrad. Klettermöglichkeiten sind zahlreich, allein am Dohlenfelsen gibt es über 50 Routen. Speziell für den Kletternachwuchs wurde der Kinderkletterfelsen »Asterix & Obelix« (Schwierigkeitsgrade II–VIII) bei Aicha, rund 500 m östlich des Dohlenfelsens, erschlossen.

Bei schlechtem Wetter empfiehlt sich die Kletteranlage der DAV-Sektion Eichstätt: Jurabloc, Tel. 08421 9358220, www.jurabloc.de.

■ Fossiliensteinbrüche

In den freigegebenen Steinbrüchen (in der Regel geringe Eintrittsgebühr) macht die Suche nach Fossilien Spaß. Zwischen den waagrechten Schichten der Solnhofener Plattenkalke sind zahlreiche steinerne Zeugen aus der Urzeit eingelagert. Pflanzen und Tiere aus dem Jurameer wurden im schlammigen Meeresboden der flachen Lagune schnell und luftdicht eingebettet. Hartteile wie Knochen und Schalen sind heute versteinert, von den Weichteilen konnten sich Abdrücke in den Gesteinslagen bilden. Die sich Schicht für Schicht überlagernden Kalkplatten pressten die Fossilien flach zusammen. Weltberühmt wurde das Altmühltal durch die Funde des Urvogels Archaeopteryx. Am häufigsten findet man Ammoniten – die Verwandten der heutigen Tintenfische sind Wahrzeichen des Naturparks Altmühltal und auf den Wegmarkierungen abgebildet. Versteinerte Urtiere können mit Hammer und Meißel (Ausleihe in der Regel gegen eine geringe Gebühr vor Ort) freigelegt werden. Es empfiehlt sich, dabei vorsichtig zu

Beliebtes Ausflugsziel für die ganze Familie: Fossiliensteinbruch des Museums Bergér.

arbeiten, da die Platten oft sehr dünn sind und schnell brechen (Fundstücke dick in Zeitungspapier einpacken!).
– Fossiliensteinbruch und Museum auf dem Blumenberg bei Eichstätt: Werkzeugverleih, geöffnet unter der Woche 13.30–17 Uhr, an Wochenenden ab 10 Uhr (April bis Oktober), Tel. 08421 9876-0, www.museum-berger.de.
– Fossilien-Besuchersteinbruch Mühlheim: Werkzeugverleih, Steinbruchlehrpfad, geöffnet tägl. 10–16 Uhr (Ende März bis Anfang November), Tel. 0160 91429182, www.besuchersteinbruch.de.
– Fossiliensammelstelle Titting: Etwas schwerer zu bearbeitende Steinblöcke und Quader (kein Steinbruch), frei zugänglich (keine Gebühr), Werkzeugverleih über die Touristinfo Markt Titting, Tel. 08423 985589.
– Fossiliensteinbruch Schamhaupten bei Altmannstein: Kein Werkzeugverleih, ohne Gebühr, geöffnet tägl. 9–18 Uhr.
Mehr über die faszinierende Welt vor 150 Mio. Jahren erfährt man im Juramuseum Willibaldsburg in Eichstätt (mit Archaeopteryx), im Bürgermeister-Müller-Museum in Solnhofen mit dem Original des sechsten Urvogelfunds und im Museum Bergér am Harthof bei Eichstätt.

■ Dinosaurier Museum Altmühltal/Dinopark Bayern
Der Dinosaurier-Park zwischen Denkendorf und Beilngries ist eine Attraktion für Jung und Alt. Besucher entdecken auf einer Runde durch den Wald über 70 Nachbildungen von Dinosauriern und anderen Urzeittieren. In der Museumshalle beim Eingang ist neben originalen Fossilien das echte Skelett eines T. rex ausgestellt; ganzjährig geöffnet, www.dinopark-bayern.de.

TOP 1

↗ 330 m | ↘ 330 m | 10.9 km

Über und um den Hesselberg, 689 m

3.00 h

Auf die höchste Erhebung Mittelfrankens

Vollkommen isoliert ragt der Hesselberg als höchste Erhebung Mittelfrankens aus der Ebene auf. Auf der Rundtour, die abschnittsweise dem Rundwanderweg 1 folgt, informieren Tafeln über Natur, Geschichte und Geologie des Bergs, der wegen seiner vielfältigen Pflanzenwelt und den ausgedehnten Trockenrasen unter Landschaftsschutz steht. Ein Besuchermagnet ist jedes Jahr die Hesselbergmesse, die traditionell am ersten Sonntag im Juli auf der Osterwiese gefeiert wird.

Ausgangspunkt: Parkplatz in der Ortsmitte von Röckingen, 444 m. Navi: 91740 Röckingen, Brauhausstr. Gleich neben der Bushaltestelle Röckingen, Mitte.
Markierungen: Gute Orientierung dank diverser Ww., am Ostrücken blauer Strich auf weißem Grund, ab dem Schlößleinsbuck keine Ww.
Anforderungen: Einfache, an heißen Tagen aber auch etwas anstrengende Tour auf schönen Wanderwegen.
Einkehr: Ghs. in Röckingen; Kiosk am Ehinger Berg (nur an Wochenenden).
Sehenswertes: Einen Besuch wert ist das Limesmuseum im benachbarten Ruffenhofen (www.roemerpark-ruffenhofen.de).

Wir wählen in **Röckingen** ❶ die Obere Dorfstraße, zweigen dann in den Hesselbergweg (Mark. Nr. 10, 12) ab und nehmen bei einer Weggabelung die linke Straße. Bei der Wegkreuzung geradeaus in den Feldweg und auf dem von Hecken gesäumten Weg leicht bergauf ans Wegende. Kurz rechts und gleich wieder links über die mit Obstbäumen bestandenen Wiesen zu einem kleinen Kiesparkplatz. Dem Ww. »Osterwiese, Gipfel« folgend durch die traumhafte Lindenallee steil bergauf zu den Trockenrasenhängen. Bei einer Wegkreuzung halten wir uns an die Mark. Nr. 10 und erreichen schließlich die Hochfläche (»Osterwiese«). Oben führt ein Wiesenweg (Ww. »Gipfel«) am Rand des Plateaus zum Parkplatz mit Info-Pavillon und nach einem letzten kurzen Anstieg auf den **Ehinger Berg** ❷, 689 m, der höchsten Erhebung des **Hesselbergs**, mit Gipfelkreuz und -buch. Bei gutem Wetter reicht die Aussicht im Süden bis zum Nördlinger Ries. Reste ehemaliger Befestigungsanlagen sind in Form eines 4 km langen flachen Walls zu erkennen, der einst das gesamte Plateau zwischen Osterwiese und den westlichen Erhebungen einschloss.

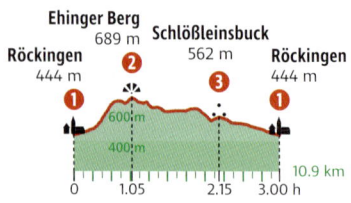

Auf dem »Geologischen Lehrpfad« geht es nun über den Rücken in westlicher Richtung bergab zu einem Aussichtspunkt mit Unterstand und Panoramatafel und über Stufen zu einer Wegkreuzung. Der Ww. »Ev.

Bildungszentrum Gerolfingen« und die Mark. Rundwanderweg 1 führen auf der Südseite des Hesselbergs zum **Bildungszentrum**, bei dem man auf die Straße zum Hesselberg trifft. Diese bergab und links hinein zur untersten Parkplatzebene, an deren Ende ein wunderschöner Weg beginnt, der nahezu eben am unteren Rand der freien Trockenrasenhänge entlangführt. Nach rund 1,2 km kommen wir zu einer Wegkreuzung.

Wunderschön: der aussichtsreiche Rücken des Hesselbergs.

Wir lassen die Abzweigungen links und rechts liegen und erreichen leicht ansteigend (Ww. »Lindenallee, Rundwanderweg 1«) eine weitere Wegkreuzung, bei der wir auf den Anstiegsweg treffen. Dort eben weiter, bis wir am Ostrücken des Hesselbergs auf den vom Gipfel kommenden Weg treffen. Immer auf dem Rücken bleibend bis zu den Resten der Wallanlage jener riesigen Burg, die einst auf dem **Schlößleinsbuck** ❸ stand. Bei der Weggabelung am ersten Wall rechts haltend auf einen deutlichen Pfad, der südseitig auf dem Wall um den Schlößleinsbuck herumführt (die Mark. würde die Anlage nordseitig umrunden). Kurz vor Erreichen einer Forststraße zweigt rechts ein schmaler, kaum erkennbarer Pfad ab, der an einem Wasserbehälter vorbeiführt und unterhalb auf eine Straße trifft. Auf dieser nach rechts und aussichtsreich am oberen Rand der Felder entlang zu einem Weg, der hinunterführt zu einem kleinen Badesee. Kurz danach rechts zu dem von einer Hecke gesäumten Weg und auf dem vom Anstieg her bekannten Weg hinunter nach **Röckingen** ❶.

↗ 90 m | ↘ 90 m | 11.5 km

2 Zwischen Hammerschmiede und Friedrichsthal

2.45 h

Einsame Wälder, lauschige Badeweiher und Spuren des Limes

Nördlich des Hesselbergs markierte der Limes die Grenze des römischen Weltreichs. Der Verlauf der gut befestigten Anlage, die zuerst als Wallgraben (um das Jahr 84) gebaut wurde, später als Palisadenzaun und schließlich als feste Mauer von 3 Metern Höhe, ist noch heute in Abschnitten klar zu erkennen. Möglichst geradlinig, die Wachtürme in Sichtweite zueinander, durchzog er die Landschaft. Im Bereich unserer Wanderung treffen wir an der Straße Brunn – Ehingen auf den Limes, der dort durch den Wald zum Kreutweiher (Hammerschmiedweiher) führte, in dem Pfahlreste gefunden wurden und wo ein römisches Kastell stand. Etwas östlich, kurz vor der Straße von Wassertrüdingen nach Ansbach, sind noch Mauerreste der antiken Anlage zu sehen.

Ausgangspunkt: Parkplatz Brunnweiher nordöstl. von Ehingen am Hesselberg, 450 m. Navi: N49.116403, E10.558819.
Markierungen: Nur vereinzelt ist die alte Markierung noch zu finden (weiße 4 auf grünem Grund), ansonsten wurde die Markierung überall entfernt.
Anforderungen: Einfache Runde auf teils einsamen Waldwegen; an heißen Tagen bieten die Badeweiher Erfrischung.
Einkehr: Keine Möglichkeit.

Vom Parkplatz am **Unteren Brunnweiher** ❶ folgen wir der Straße in nordöstlicher Richtung. Nach rund 350 m zweigt links ein Forstweg ab (Ww. »Großer Heideweg, Nr. 9«), dem wir gut 400 m folgen. Links abzweigen auf einen Waldweg (der Ww. »Heideweg« zeigt geradeaus), auf dem wir

durch den Kiefernwald zu einer Straße kommen, die links zwischen Oberem und Unterem Brunnweiher nach Brunn führt. Wir kreuzen die Straße und folgen gegenüber einem Weg wieder in den Wald hinein. Bei einer Weggabelung halten wir uns links und gehen bis zum Waldrand, von wo wir auf dem durch Wiesen führenden Feldweg kurz darauf den Ort **Friedrichsthal** ❷ erreichen. Links durch den Ort Richtung Brunn und 200 m nach dem Ortsschild rechts in einen Feldweg. Über eine

Erfrischend: Am Unteren Brunnweiher gibt es schöne Badeplätze.

Wegkreuzung geradeaus und nach Durchqueren eines kleinen Wiesentals in den Wald. Dort rechts und den Fahrspuren folgend zu einer Aufforstung. Die bergauf führenden Fahrspuren gehen bald über in einen breiten Forstweg, der hinaufführt auf die Hochfläche und schließlich flach zur Straße Brunn – Ehingen leitet. Wir gehen 70 m nach rechts und biegen dort gleich wieder links in einen Forstweg; wer geradeaus geht, trifft am Waldrand auf den Verlauf des Limes mit einer **Limesstele** ❸ und sieht hinüber auf den breiten Rücken des Hesselbergs.

Man könnte hier auch dem Limesweg ein Stück folgen, doch der Weg wird leider nicht gepflegt und ist daher nicht zu empfehlen. Besser ist daher die Wahl der Forststraße, auf der man problemlos hinunterwandert zum **Bischofsweiher**. Bei einer Wegkreuzung hinter dem Weiher links und am östlichen Ufer entlang zu einer parallel verlaufenden Straße, auf der man rechts haltend Richtung Hammerschmiede wandert. Auf einer kreuzenden Straße kurz rechts und gleich wieder links nach **Hammerschmiede** ❹. Rund 500 m hinter den Häusern links in einen Forstweg. Auf dem mit Gras bewachsenen Weg geradeaus in den einsamen Kiefernwald und an vorgeschichtlichen Grabhügeln vorbei zu einer Lichtung. Dort ist die Fortsetzung des Wegs auf den ersten Blick schwierig zu finden, doch man behält grob die Richtung bei. Schon bald bildet sich aus den undeutlichen Spuren wieder ein gut erkennbarer Fahrweg, der immer besser wird und schließlich durch den Wald zurück zum Parkplatz beim **Unteren Brunnweiher** ❶ führt.

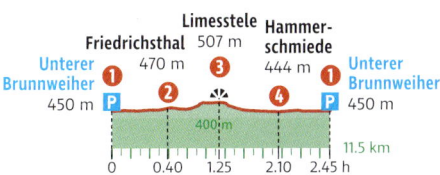

↗ 120 m | ↘ 120 m | 8.5 km

3 Von Oettingen nach Lehmingen

2.00 h

Aussichtsreiche Höhenzüge über dem Nördlinger Ries

Die romantische Fürstenstadt Oettingen am Nordrand des Nördlinger Rieses liegt an der Nahtstelle von Bayerisch Schwaben, Franken und Württemberg. Dem Charme der Oettinger Innenstadt kann sich keiner entziehen. Mittelpunkt ist der Marktplatz, auf dem jeden Samstag ein Wochenmarkt stattfindet und der eine Trennlinie bildet zwischen Fachwerkfassaden auf der Westseite und Barockbauten auf der Ostseite. Sehenswert sind das Rathaus, das zu den schönsten Fachwerkbauten Schwabens zählt, die Stadtmauer, gotische und barocke Kirchen und das Renaissance-Schloss, in dem sich das Zweigmuseum des Staatlichen Museums für Völkerkunde München befindet. Noch heute ist die Altstadt zum größten Teil von einem Mauerring umgeben.

Ausgangspunkt: Parkplatz gegenüber der Donau-Ries-Klinik in Oettingen, 435 m. Navi: 86732 Oettingen, Am Weinberg. Vom Bahnhof rund 25 Minuten zu Fuß.
Markierungen: Bis Affenberg und oberhalb von Lehmingen vereinzelt Schilder mit Eichhörnchen, ansonsten kaum Markierungen. Um den Erlsbachwald herum etwas schwierige Wegfindung.
Anforderungen: Bis auf den Pfad durch den Erlsbachwald ist die Tour aufgrund der bequemen Feldwege durchaus als kinderwagentauglich einzustufen. Am Anfang und Ende der Strecke ist je ein kurzer Anstieg zu bewältigen.
Einkehr: Unterwegs keine; Ghs. in Oettingen.
Sehenswertes: Historische Altstadt von Oettingen mit Stadtmauer; Heimatmuseum Oettingen (www.heimatmuseum-oettingen.de); Nördlinger Ries, bis zu 35 km breiter Krater als Folge eines Meteoriteneinschlags vor 15 Mio. Jahren.

Ein Fußweg führt vom **Parkplatz** ❶ zwischen den Häusern aufwärts zur Straße, die von der Brauerei kommend aus **Oettingen** herausführt. Auf der von Bäumen gesäumten Straße gehen wir aussichtsreich bergauf Richtung Erlbach (Mark. Eichhörnchen) und erreichen einen Aussichtspunkt, von dem wir eine gute Sicht über das Nördlinger Ries genießen. Die Teer- wird nun zur Kiesstraße und erreicht auf dem **Affenberg** ❷ bereits den nächsten guten Panoramapunkt. Wir folgen dem Sträßchen bis zu einer Bauschuttdeponie, wo wir rechts auf einen Trockenrasen schwenken (oder diesen gut 100 m weiter auf einem Feldweg bequem umgehen) und über den Weiler Lohe nach Norden schauen. Auf einem Feldweg zum Wald und immer an der Kante der Hochebene am Waldrand entlang, bis wir bei der Einmündung in einen Teerweg das Dörfchen **Lehmingen** sehen. Bei einer Holzbank mit Tisch und einer Steinskulptur

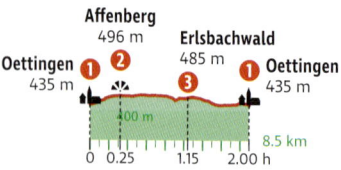

Großartig ist der Ausblick über die riesige Ebene des Nördlinger Rieses.

kurz vor dem Ort biegen wir rechts in einen Feldweg (Mark. Eichhörnchen) ein und gehen zwischen Apfelbäumen bergauf zu einem Aussichtspunkt mit Blick über das Wörnitztal. Der Mark. Eichhörnchen folgend nach rechts auf Fahrspuren am Waldrand entlang bis zu einem Feldweg. Dort gehen wir links bis zum Wald und folgen halb rechts einem Feld- und Wiesenweg. Immer am Rand des **Erlsbachwaldes** ❸ mit seinen schönen Buchenbeständen weiter, teilweise weglos durch hohes Gras, bis wir am Südrand des Waldgebiets einen Kiesweg erreichen. Auf diesem bergab auf einen Feldweg, dem wir 150 m nach rechts folgen und dort an einer Hecke links nach **Siegenhofen** wandern.

Eine kleine Teerstraße bringt uns noch einmal rechts hinaus auf die Felder, bevor wir nach einem Fußballplatz links abbiegen zu einem Hügel oberhalb von Oettingen. Kurz vor dem höchsten Punkt trifft man auf einen Ww. (Eichhörnchen). Links erreicht man **Oettingen** beim Friedhof, rechts kommen wir zum **Parkplatz** ❶ beim Klinikum zurück.

↗ 230 m | ↘ 230 m | 7.6 km

4　Die Steinerne Rinne bei Hechlingen

2.15 h

Zu einem faszinierenden Naturphänomen

An heißen Sommertagen steht ein Sprung in den von der Rohrach gespeisten Hahnenkammsee südlich von Hechlingen an der Spitze der Freizeitaktivitäten. Das ganze Jahr über beliebt sind die Wandermöglichkeiten wie der Waldlehrpfad »Roter Berg« oder ein Ausflug zur Steinernen Rinne bei der Scheckenmühle. Die Rinne, durch die das Quellwasser abfließt, wird dabei durch Kalkablagerungen langsam, aber stetig erhöht.

Ausgangspunkt: Parkplatz mit Spielplatz am Ortsrand von Hechlingen, 476 m. Navi: N48.976019, E10.727791. Bushaltestelle: Hechlingen am See, Ursheimer Str.
Markierungen: Am Parkplatz und beim Abstieg vom Roten Berg die Nr. 16, am Roten Berg ist vereinzelt auf Bäumen ein rotes Kreuz auf weißem Grund erkennbar, danach die Nr. 17.
Anforderungen: Kurze Wanderung mit einigen kurzen, aber steileren An- und Abstiegen auf Pfaden und Feldwegen.
Einkehr: Unterwegs keine; Ghs. in Hechlingen.
Sehenswertes: Naturdenkmal Steinerne Rinne; Aussichtspunkt bei der Ruine der Katharinenkapelle.
Tipp: Im Sommer bietet südlich von Hechlingen der Hahnenkammsee schöne Bademöglichkeiten mit Sandstrand, Liegewiese und Aktivangebot.

Vom **Parkplatz** ❶ in **Hechlingen** führt eine Teerstraße (Ww. »Roter Berg, Nr. 16«) bergauf in den Wald, wo man sich bei einer Wegkreuzung rechts hält (Mark. weist nach links). Dem Kiesweg folgend (bei der nächsten Wegverzweigung links halten!) auf den Rücken des **Roten Berges** ❷, den wir bei einer Schautafel (Siedlung der Jungsteinzeit auf dem Roten Berg) erreichen. Auf dem Weg wunderschön durch den schattigen Wald zu einem Unterstand (Burgweghütte) und gleich danach rechts hinunter (Mark. Nr. 16) zur Straße Hechlingen – Heidenheim. Auf dem Radweg rechts über die Brücke und bei der zweiten Abzweigung, auf Höhe des Autohauses, links in einen Feldweg (Mark. Nr. 17). An einem Stadel rechts vorbei und auf dem Wiesenweg bergauf. Bei einem kreuzenden Feldweg links und flach Richtung Waldrand. Kurz darauf zweigt im Wald nach links ein Pfad ab (Mark. Nr. 17), der über Treppenstufen zur **Steinernen Rinne** ❸ mit Infotafel hinunterführt. Der Mark. weiter folgen, dann auf breiterem Weg (Mark.) rechts hinauf. Schließlich flach hinaus zum Waldrand, wo die Mark. Nr. 17 auf die Felder führt. Ohne Orientierungsprobleme leitet die Mark. auf die Straße Hechlingen – Degersheim. Schräg gegenüber (Ww. »St.-Katharinen-Kapelle«) auf einen

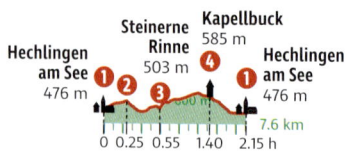

Auf dem Kapellbuck über Hechlingen steht die Ruine der Katharinenkapelle.

Forstweg und nun der Mark. Nr. 17 folgend durch den Wald, bis man oberhalb eines Tälchens vorbeiwandert und kurz darauf einen Ww. erreicht. Hier verlässt man den Forstweg, wandert rechts zum Waldrand und an diesem entlang, vorbei an mehreren großen Holzstößen, zu einer Straße.
Rechts haltend erreichen wir einen Wanderparkplatz und gehen geradeaus über die Wiese auf die bereits sichtbare Kapellenruine zu. Das Wahrzeichen Hechlingens steht inmitten eines Trockenrasens auf dem **Kapellbuck** ❹, einem aussichtsreichen Rücken über Hechlingen. Am Gewölbe eines ehemaligen Bierkellers vorbei nordseitig zur Straße Richtung Hechlingen, auf der wir auf den Ort zuhalten. Bei einer Wegkreuzung geht es halb rechts (kann leicht übersehen werden!) in einen von Hecken gesäumten Fußweg, der schließlich durch eine wildromantische kleine Felsschlucht direkt nach **Hechlingen** führt. Gegenüber, rechts einer Tankstelle, auf einem Fußweg in den Talboden, wo wir links nach wenigen Metern auf einen Pfosten mit mehreren Ww. treffen. Dort rechts über die Rohrach und dahinter links, an einem Wildgehege vorbei, entlang des Baches zurück zum **Parkplatz** ❶.

↗ 170 m | ↘ 170 m | 7.8 km

5 **Von Heidenheim zum Rechenberg**

2.00 h

Aussichtsreiche Höhenzüge und märchenhafte Wälder

Heidenheim ist eingebettet in die sanften Bergrücken des Hahnenkamms, die das Tal wie ein Hufeisen umschließen. Auf den Höhen, mit dem Rechenberg als höchstem Punkt (628 m), bläst der Wind ungebremst, weshalb auch seit einigen Jahren der Fortschritt in Form mehrerer Windkraftanlagen grüßt. Unten in der Marktgemeinde, in der Benediktiner bereits im 8. Jh. ein Doppelkloster für Männer und Frauen gründeten, zählen dagegen die alten Bauwerke wie das romanische Münster aus dem 12. Jh. zu den Sehenswürdigkeiten. Der ideale Ausgangspunkt für Wanderungen oder Radtouren im Hahnenkammgebiet bietet mit der Steinernen Rinne bei Wolfsbronn eine beeindruckende Naturerscheinung. Über 120 Meter lang und bis zu 1,6 Meter hoch ist der Kalksockel, auf dem das Quellwasser talwärts fließt und durch Kalkablagerungen den Damm stetig erhöht.

Ausgangspunkt: Parkplatz auf der Rückseite des Klosters, 529 m. Navi: 91719 Heidenheim, Ringstr. Bushaltestelle: Heidenheim (Kr. WUG), Rathaus.
Markierungen: Anfangs blau-weiße Mark. des Main-Donau-Wegs, dann Nr. 5 am Kohlhof vorbei, weiter mit der Mark. QW (»Quellenweg«).
Anforderungen: Überwiegend breite, gut zu gehende Feldwege, ein leichter Anstieg zum Rechenberg.
Einkehr: Unterwegs keine; Ghs. in Heidenheim.
Tipps: Tolle Aussicht vom Rechenberg. Wanderung in die Steinerne Rinne bei Wolfsbronn (Ausgangspunkt: Parkplatz an der Straße Meinheim – Heidenheim).

In **Heidenheim** geht es vom Parkplatz am **Kloster** ❶ über die Ringstraße und gegenüber in die Straße Gießbrücke. Am Ende links in die Stelzergasse und gleich wieder rechts in die Badgasse. Der blau-weißen Mark. des Main-Donau-Wegs folgend bei der Kreuzung rechts in Richtung Kirschmühle. Bei einer Straßenkreuzung links zum **Kohlhof** ❷ (Ww.). Dort rechts, an einem Schuppen vorbei und gleich danach bei einer Wegverzweigung links haltend, bis man auf einen Feldweg trifft. Auf diesem links (Mark. Nr. 5, Frankenweg, blauer Strich auf weißem Grund) und mit Blick auf Heidenheim leicht bergauf. Über eine schöne Wiese, dann am Waldrand entlang auf die Kuppe des **Rechenbergs** ❸, 628 m, wo wir im Südwesten den aus dem Wald aufragenden Kirchturm von Hohentrüdingen erkennen. Das herrliche Panorama ist auf einer Übersicht erklärt – ebenso wie die Tatsache, dass sich unter dem Trockenrasen des Rechenbergs die Überreste einer Burg verbergen.

Dem Weg weiter folgend geht es kurz abwärts bis nah an den Waldrand und bei einer Forststraße links in den Wald (Mark. QW). Ohne Orientierungsprobleme der Markierungen folgend durch den wunderbaren Mischwald und schließlich in leichtem Auf und Ab um die

Viele Fachwerkhäuser lohnen einen Fotostopp.

Erhebung des **Heidenheimer Buck** herum. Kurz vor Erreichen des Waldrandes kann man gleich unterhalb des Forstweges einen versteckten Picknickplatz mit den **Sieben Quellen** ❹ aufsuchen, die sich in einem gefassten Becken vereinen. Auf dem Weg weiter hinaus auf die Felder und nach 100 m bei der Wegkreuzung links. Dem Feldweg folgend oder, schöner, nach 600 m kurz links und gleich wieder rechts durch eine schattige Kastanienallee bis zu den ersten Häusern von **Heidenheim**. Hier links in die Stelzergasse und schließlich auf dem bereits bekannten Weg zurück zum Parkplatz am **Kloster** ❶.

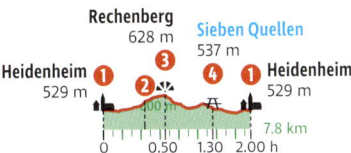

↗ 70 m | ↘ 70 m | 21.8 km

6 Zum Altmühlsee

5.30 h

Künstliche Fischteiche und Badegewässer

In den Sommermonaten herrscht am Altmühlsee Hochbetrieb. Allzu verlockend sind die Bade- und Freizeitmöglichkeiten an diesem flachen See, in dem sich das Wasser sehr schnell erwärmt. Ein Teil des Gewässers ist allerdings für die mannigfaltige Vogelwelt reserviert, die im nordwestlichen Bereich sowie in den anschließenden, teils sumpfigen Wiesen links und rechts der Altmühl ein riesiges Rückzugsgebiet vorfindet. Höchst beliebt bei Vogelfreunden ist darum der Lehrpfad auf die Vogelinsel im Altmühlsee – das Fernglas gehört hier zur Pflichtausstattung.

Ausgangspunkt: Parkplätze am Schnackenweiher, 425 m. Navi: N49.147016, E10.767819. Alternativ Start beim Bahnhof Gunzenhausen.
Markierungen: Zwischen Steinberger und Haundorfer Weiher Ww. »Teichlehrpfad Haundorf«, bei Muhr Ww. »Permanenter IVV-Wanderweg Altmühlsee«, am Altmühlsee ist die Richtung klar, ab der Bahntrasse rotes Kreuz auf weißem Grund; etwas unübersichtlich ist nur der Wald zwischen Haundorfer Weiher und Büchelberg.
Anforderungen: Schöne, aber etwas längere Tour mit nur kurzen und flachen Anstiegen. Mehrere schöne Fischweiher am Weg, zum Baden bietet sich der Altmühlsee an.
Einkehr: Ghs. in Muhr am See (Abstecher); Ghs. an den Seezentren Muhr am See und Gunzenhausen.
Tipps: Rund um den Altmühlsee führt ein wunderbarer Radweg (ca. 15 km). In Haundorf gibt es einen Teichlehrpfad.

Die Tour beginnt im ruhigen Hinterland am **Schnackenweiher** ❶ nahe der Schnackenmühle. Dort gehen wir auf der Straße kurz südw. und biegen nach gut 100 m links ab auf einen Feldweg. Südlich des Schnackenweihers vorbei kommen wir auf einen Wiesenweg, dem wir leicht bergauf zu einem schönen Kiefernwäldchen folgen. Auf dem dortigen Weg links wandern wir am **Steinberger Weiher** vorbei zu einer Wegkreuzung. Hier rechts ab und nach knapp 300 m wieder rechts geht es zum Teichlehrpfad Haundorf, auf dem wir zwischen Steinberger und Speckweiher hindurch **Schautafel 7** ❷ »Neben-

Ein Paradies für Vogelfreunde: das Naturschutzgebiet Vogelinsel im Altmühlsee.

fische im Karpfenteich« erreichen, und kurz darauf die Tafel 8. Dort folgen wir den Ww. zum Waldrand und wandern links zu einer Teerstraße. Auf dieser gehen wir rechts zur Straße Büchelberg – Eichenberg, 150 m nach links und rechts an der Tafel 9 vorbei bis zum Ende der Straße. Links (Ww. »Teichlehrpfad Haundorf«) zu einem Parkplatz am Waldrand, links ab und vor dem Haundorfer Weiher rechts zur Tafel 2 mit allgemeinen Infos über die **Haundorfer Weiher** ❸. Am Ufer entlang zu einem Mönch (Damm) und über diesen ans südliche Ende.

Der Teichlehrpfad Haundorf führt an zahlreichen Fischteichen vorbei.

Hier verlassen wir den Teichlehrpfad und halten uns rechts am Waldrand entlang, dann im Wald schräg rechts bis zu einem Fahrverbotsschild. Im spitzen Winkel nach links und nach 150 m schräg rechts in einen langsam zuwachsenden Waldweg, dem wir immer geradeaus leicht ansteigend auf den höchsten Punkt folgen, hinter dem wir nach wenigen Metern bereits die ersten Häuser von **Büchelberg** ❹ sehen. Vor den ersten Häusern rechts in eine Sackgasse (Mark. »derseenländer«) und am Ende mit der Mark. in den Wald. Die Mark. führt einen ohne Orientierungsprobleme zum Waldrand und über die Felder zu einem Rücken, über den man aussichtsreich mit freiem Blick zum Altmühlsee ein Wohngebiet oberhalb von **Muhr am See** ❺ erreicht. Vor den ersten Häusern (Ww. »Permanenter IVV-Wanderweg Altmühlsee«) gehen wir links auf dem gepflasterten Weg hinunter und

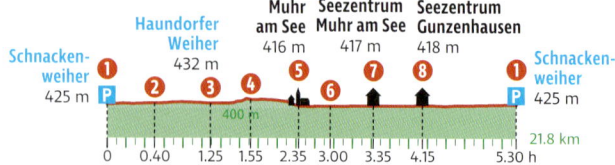

biegen nach 350 m bei der zweiten Möglichkeit, noch vor dem Gewerbegebiet, rechts ab zu einer Unterführung, die kreuzungsfrei zum Ort führt. Vor der Kirche rechts in den Neuenmuhrer Weg und nach 330 m vor einem Kosmetikstudio links in einen Weg, der über die Wiesen zum Sportplatz und zu den Tennisplätzen führt. Nach dem Fußballfeld links, am Parkplatz vorbei zum See und zum breiten Fuß- und Radweg, der um den Altmühlsee führt. Ein kurzer Abstecher (160 m) führt rechts zur Brücke auf die **Vogelinsel** ❻ mit ihrem Rundweg. Zurück am Ufer folgen wir dem breiten Weg in südöstlicher Richtung, am **Seezentrum Muhr am See** ❼ und **Seezentrum Gunzenhausen-Schlungenhof** ❽ vorbei, zu einem Wehr am Beginn des Altmühlüberleiters zum Brombachsee. Über das Wehr und dem Ww. »Brombachsee« folgend unter der Straße durch, 400 m nach links und dort wieder unter der Straße zurück (Ww. »Brombachsee«) auf den Weg, der links des Altmühlüberleiters zu einem Bahndamm führt. Links über die Gleise und geradeaus nach **Sinderlach**. Mit der Mark. rotes Kreuz durch den Ort, bei einem Trafohäuschen über die Straße und nach 250 m links in den Wald (Mark. beim Jägerstand). Bei einer Wegverzweigung (nach knapp 250 m) halten wir uns links und gehen geradewegs zurück zum Parkplatz am **Schnackenweiher** ❶ bei der Schnackenmühle.

Gleich hinter dem Altmühlsee liegt Gunzenhausen.

TOP 7 — **Von Spalt zum Brombachsee**

↗ 260 m | ↘ 260 m | 14.7 km
4.00 h

Hopfenfelder, Streuobstwiesen, Badestrände und das Schnittlinger Loch

Das traditionsreichste deutsche Hopfenanbaugebiet prägt die Gegend noch heute, auch wenn es mittlerweile mit dem Brombachsee südlich von Spalt eine weitere Attraktion gibt. Die Lage der Bierstadt ist dennoch außerordentlich günstig für die Freizeitsportler im Neuen Fränkischen Seenland und für Wanderer, die es auf den Wegen durch die Obst- und Hopfengärten von Spalt etwas ruhiger angehen wollen.

Ausgangspunkt: Parkplatz in der Nähe der Tourist-Information Stadt Spalt im Kornhaus und dem Museum HopfenBierGut, 369 m. Navi: 91174 Spalt, Obeltshauserstr. Bushaltestelle: Spalt, Schule oder Bahnhof (je nach Linie).
Markierungen: Bis Enderndorf Mark. Nr. 3, bis Hagsbronn zusätzlich Mark. »Naturkundlicher Lehrpfad«. Zwischen Igelsbachsee und dem Hochplateau bei Fünfbronn keine Mark., zum Schnittlinger Loch Nr. 17, am Schluss Nr. 4.
Anforderungen: Abwechslungsreiche Rundwanderung auf guten Wegen mit vielen Eindrücken. Im großartigen und angenehm kühlen Schnittlinger Loch schmale Steige.
Einkehr: Ghs. Zur frischen Quelle in Hagsbronn; Ghs. in Enderndorf; Ghs. in Spalt.
Sehenswertes: Kirche zum Hl. Ägidius in Hagsbronn; Schnittlinger Loch; historische Altstadt von Spalt.
Tipp: Das Museum HopfenBierGut bietet neben informativen Ausstellungen mit Führungen, Veranstaltungen und einem Museumsshop auch Braukurse sowie Bierseminare an, bei denen man Interessantes über den Hopfenanbau und die Bierherstellung erfährt, inklusive Brauereibesichtigung und Verkostung des Spalter Bieres (www.spalter-bier.de).

Erst im Herbst kehrt am beliebten Badestrand des Igelsbachsees Ruhe ein.

Vom **Parkplatz** ❶ in **Spalt** neben dem Kornhaus, das von 1897 bis 1984 als Hopfenlager genutzt wurde, folgen wir dem Ww. »Brombachsee« an einer Tafel mit einer Wanderkarte vorbei zur Straße, halten uns rechts, gehen geradeaus in die Albrecht-Achilles-Straße und weiter in die Saazer Straße, auf der wir den Ortsrand erreichen. In der Egerländer Straße links (Mark. Nr. 3) und über eine Brücke Richtung Kapellenberg (Mark. »Naturkundlicher Lehrpfad«). An Hopfenfeldern vorbei leicht bergauf und auf einem Weg steiler zur bereits sichtbaren Kirche in **Hagsbronn** ❷, wo wir einen schönen Blick hinunter nach Spalt haben. Unterhalb vorbei und gleich dahinter links zur Straße, der wir gut 100 m nach rechts folgen. Über Treppenstufen links bergauf und an einem Bauernhof vorbei, eine Straße querend, schräg links in den Weg Oberes Dorf, der uns hinaus auf die freien Felder bringt. Auf dem mit Kirschbäumen gesäumten Feldweg weiter und mit Blick auf den Brombachsee immer geradeaus haltend auf einem geteerten Feldweg nach **Enderndorf**. Dort rechts (Mark.) zum **Strandhaus Zweiseenplatz** ❸ und an diesem vorbei ans Nordufer des **Igelsbachsees** mit Liegewiesen

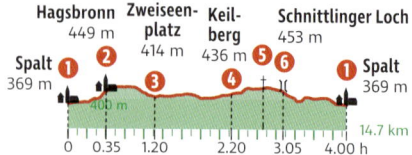

und Sandstrand. Der 90 Hektar große See ist durch einen Staudamm vom Großen Brombachsee getrennt und kann auf einem knapp sieben Kilometer langen Wander- und Radweg bequem umrundet werden. Auf einem Teilstück dieses Weges zum nordwestlichen Ende des Sees und nach einer Brücke über den Gänsbach rechts hinauf zur Straße Hagsbronn – Absberg. Diese überqueren wir und folgen einem Feldweg durch einen Wiesengrund zu einer weiteren Straße nach **Keilberg** ❹. Hinter der Ortstafel biegen wir links in einen Feldweg, lassen Fischteiche und Streuobstwiesen links liegen und gehen auf einer geteerten Straße auf einen Rücken mit Kirschplantagen. Bei Erreichen der Hochfläche an einer Wegkreuzung rechts auf einen mit Kirschbäumen gesäumten Feldweg, bis nach 200 m kurz vor dem Ende des Kieswegs links ein Wiesenweg abzweigt. Auf dem von einer Hecke gesäumten Pfad zu einer Straße, auf der wir rechts eine Kreuzung mit Kastanie und **Marterl** ❺ erreichen. Dort links, Richtung Spalt, und nach 50 m wieder links (Mark. Nr. 17, auf der gegenüberliegenden Straßenseite Ww. »Schnittlinger Loch«) auf einem breiten Weg durch den Wald bzw. am Waldrand entlang, bis wir der Mark. Nr. 17 (Ww. »Fünfbronner Quellenweg«) wieder in den Wald folgen.

Streuobstwiesen wie hier vor Fünfbronn sind typisch für die Region.

Das Schnittlinger Loch beeindruckt mit interessanten Sandsteinformationen.

Auf einem wunderschönen Pfad leicht bergab und oberhalb der Felsen und eines ersten Grabens weiter, bis rechts ein Steig mit Stufen über den Rücken zwischen dem ersten und zweiten Graben abwärts führt in die feuchte Schlucht des **Schnittlinger Lochs** ❻, die man recht eindrucksvoll zwischen überhängenden, ausgewaschenen Sandsteinfelsen erreicht. Vorbei an Felsbrocken und umgestürzten Bäumen wandern wir durch den Graben talauswärts in ein schönes Wiesental, biegen aber bei der ersten Abzweigung, kurz nach einigen Fischteichen, links ab (Mark. blaues Kreuz auf weißem Grund, Naturkundlicher Lehrpfad) und folgen der Straße an einer bereits sichtbaren Informationstafel und an Streuobstwiesen vorbei auf die Hochfläche. Wir wandern nun geradeaus über den Rücken des **Galgenbergs** (Mark. Nr. 4) in einen Hohlweg, kürzen rechts vom Ghs. Hans-Gruber-Keller mit Biergarten auf einem Fußweg ab und folgen der Straße nach **Spalt**. Dort schwenken wir links in die Albrecht-Achilles-Straße und betreten durch das Obere Tor die historische Altstadt. Über die Straße und an der Kirche links vorbei in eine Gasse, von der nach wenigen Metern ein paar Stufen hinabführen zu einer Straße, auf der wir rechts das Kornhaus und den **Parkplatz** ❶ erreichen.

↗ 270 m | ↘ 270 m | 11.6 km

8 Von Spalt in die Massendorfer Schlucht

3.15 h

Eine spannende Schlucht und ein Meer an Kirschbäumen

Spalt ist eine Hopfenstadt mit charakteristischen Fachwerk- und Speicherhäusern. Erste Hinweise auf den Hopfenanbau finden sich 1341, und 1538 erhielt Spalt das Hopfensiegelrecht – das älteste Deutschlands: »In Spalt, in Spalt / Dou wern die Leit gor alt / Sie kenna nix dafier / Dös macht ös goute Bier.« Von den zwölf Brauereien blieb nur die Stadtbrauerei erhalten.

Ausgangspunkt: Parkplatz in der Nähe der Tourist-Information Stadt Spalt im Kornhaus und dem Museum Hopfen-BierGut, 369 m. Navi: 91174 Spalt, Obeltshauserstr. Bushaltestelle: Spalt, Schule oder Bahnhof (je nach Linie).
Markierungen: Viele unterschiedliche Markierungen: Bis Großweingarten Nr. 5 und 6, weiter nach Spalt die Mark. des Main-Donau-Wegs und Richtung Massendorfer Schlucht Nr. 14. Oberhalb der Schlucht grüne Punkte auf weißem Grund, ab dem Parkplatz Nr. 23.
Anforderungen: Die Runde über Großweingarten verläuft auf guten Wegen, in der Massendorfer Schlucht dagegen nur auf Trittspuren; teilw. unübersichtliche Wegführung, bei Nässe recht rutschig.
Einkehr: Unterwegs keine; Ghs. in Spalt.
Sehenswertes: Großweingarten zur Zeit der Kirschblüte; Massendorfer Schlucht; historische Altstadt von Spalt.

In **Spalt** ❶ neben dem kleinen Bach (Ww. »Brombachsee«) an einer Tafel mit einer Wanderkarte vorbei zur Straße, dort rechts und wieder links Richtung Großweingarten. Nach 120 m links in die Weingarter Straße; am Ende der Häuser rechts in die Straße Schellenberg und an einer Bank vorbei in einen schönen Wiesenweg, der aussichtsreich zum Waldrand führt. Im Wald links hinauf (Nr. 5/6, Mark. und Abzweigung leicht zu übersehen) zu einem Feldweg und der Mark. folgend der Straße. Auf dem Radweg 230 m bergauf und am Ortsschild vorbei, bis links ein Feldweg abzweigt (Mark. Nordic-Walking-Weg Nr. 2), der aussichtsreich an einem Sendemast vorbei zu

Versteckte Wildnis: die Massendorfer Schlucht.

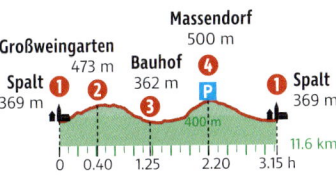

einem Lagergebäude führt. Gleich danach links (Mark.) auf die Straße nach **Großweingarten** ❷ und bergab, bis 100 m nach der ersten Serpentine die blau-weiße Mark. des Main-Donau-Wegs in einen Pfad weist. Auf diesem geradeaus in den Weg mit Fußgängerschild und kurz darauf rechts bergab (Main-Donau-Weg). Nach einem eingezäunten Grundstück rechts hinunter zu einem Radweg und diesen schräg rechts querend zu Trittspuren, die zwischen den Büschen auf eine Wiese führen und weiter zu einer Straße. Gegenüber in die Talstraße und zum **Bauhof** ❸. Diesen links umgehen (Mark. Nr. 2) und rechts haltend über die Fränkische Rezat. Gleich nach der Brücke links halten (Mark. Nr. 14) und an Pferdekoppeln vorbei auf geteertem Weg bergauf zu einer Straße. Links und gleich wieder rechts in die Dr.-Merkenschlager-Str. (Nr. 14), nach 60 m links in den Fußweg (Mark.) und durch den Sandrangenweg zur Güsseldorfer Straße. Auf dieser stadtauswärts Richtung Georgensgmünd, bis wir links in die Straße Am-Hl.-Abend (Mark. Nr. 9, 14) biegen können, die durch das **Bürgtal** zu einer Weggabelung führt.

Links (Ww. »Massendorfer Schlucht«) auf einem Feldweg, dann auf Steig kommt man in die felsige **Massendorfer Schlucht**. Über Stufen und Stege auf spärlicher werdenden Trittspuren zum oberen Ende und den rechten Graben wählend nach wenigen Metern auf die Hochfläche. Dort rechts halten (Mark.), dann links, an einem Feld vorbei auf einen Forstweg und der Mark. Nr. 24 zu einem **Wanderparkplatz** ❹ kurz vor dem Ortsschild **Massendorf** folgen. Auf der Straße links und bei der ersten Möglichkeit gleich rechts in den Feldweg. Über eine Kuppe, dann zur ersten von zwei Wegkreuzungen. Nun links (Mark. Nr. 23) am Waldrand entlang, bis die Mark. Nr. 23 nach rechts weist. Auf einem Pfad hinab in ein Tälchen und auf einem Kies- und Teerweg bergab. Hinter der Brücke über die Fränkische Rezat links auf den Fußweg, der um die Stadt zurück nach **Spalt** ❶ führt.

↗ 180 m | ↘ 180 m | 9.9 km

9 Durch den Heidenbergforst

2.45 h

Ausgedehnte Wälder, ein Wildgehege und ein Sagenwanderweg

»Steckerleswälder« nennen die Einheimischen die ausgedehnten Kiefernwälder, die sich wie ein Mantel um den Südrand von Nürnberg legen – Zeugnisse der Aufforstung ab dem 19. Jh. Viel älter ist das weite Waldgebiet um den Heidenberg östlich von Kammerstein, das bereits um 800 als Ausstattung des neu gegründeten Königshofs Schwabach entstand. Später wurde daraus eine Hirschhege für hochherrschaftliche Jagden, und heute schätzen Wanderer die schattigen Wälder und Wanderwege durch den Heidenbergforst. Eine Übersichtstafel informiert über die vielen Wandermöglichkeiten, die beliebig miteinander kombiniert werden können.

Ausgangspunkt: Parkplatz an der Straße von Kammerstein zum markanten Sendemasten, 427 m. Navi: N49.288486, E10.991144.
Markierungen: Bis zum Kreuzstein ADAC-Rundweg, danach Sagenwanderweg.
Anforderungen: Schöne, einfache Wanderung durch ein großes Waldgebiet, manchmal jedoch etwas unübersichtlich. Zahlreiche Wege kreuzen, sodass man bei Unaufmerksamkeit schnell einmal die markierte Route verpasst und buchstäblich im Wald steht.
Einkehr: Ghs. in Kühedorf.
Sehenswertes: Sagenwanderweg und Steckerleswald.

Wir folgen vom **Wanderparkplatz** ❶ im **Spitalwald** dem Ww. »ADAC-Rundweg« erst auf einem Forstweg, dann auf einem schönen Waldweg, der um den mit einem Sendemasten gekrönten Waldhügel herumführt und bei der

Inmitten der Kiefernwälder versteckt sich der Kupferweiher.

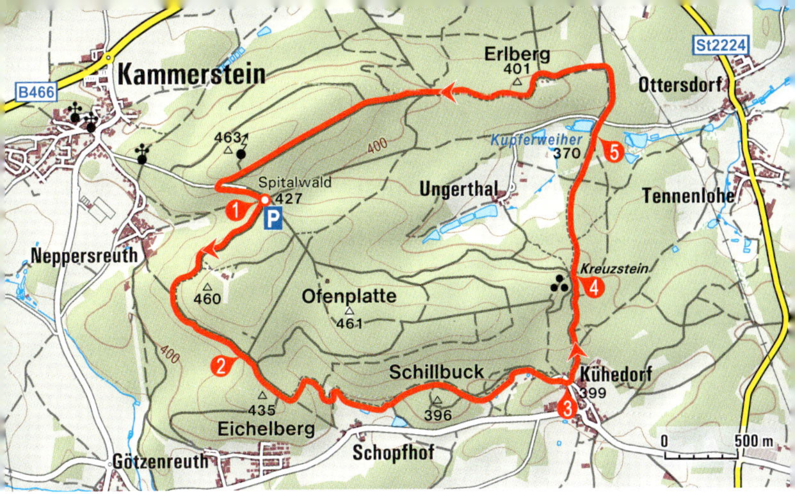

Sagenwanderweg-Station 6 ❷ (Informationstafel »Vögel und Vogelfang«) auf eine Wegkreuzung trifft. Wir gehen geradeaus weiter, erst auf einer Forststraße (Ww.), dann auf einem Waldweg, bis ein Ww. an einem Baumstamm nach links unten weist. Der schmale Waldweg führt wunderschön hinunter zu einer Wiese und am gegenüberliegenden Waldrand links zu einem auffallenden Stein. Über eine Holzbrücke zu einem Teich mit Bank und Blick auf den Schopfhof. Wir bleiben erst am Waldrand und folgen den Ww. »ADAC-Rundweg« nördlich des **Schillbuck** vorbei zu einem Jägersitz am Rand einer Wiese. Dort links in den Wald und oberhalb eines ehemaligen Wildgeheges vorbei mit der Mark. zu den ersten Häusern von **Kühedorf ❸**. Weiter zum Parkplatz mit Spielplatz und mit dem Ww. »ADAC-Rundweg« wieder in den Wald. Rund 60 m nach dem Parkplatz weist ein Ww. rechts auf einen etwas zugewachsenen Pfad (Abzweigung leicht zu übersehen), der durch den Wald zu einem Forstweg führt. Rechts haltend erreicht man kurz darauf die Tafel 12 des Sagenwanderwegs. Ab hier folgen wir der Mark. des Sagenwanderwegs, die am **Kreuzstein ❹** vorbei problemlos durch den Wald, den **Kupferweiher ❺** linker Hand, zur Ungerthaler Straße leiten und gleich gegenüber wieder in den Wald führen. Über den Rücken des Erlbergs auf teils wunderschönen Pfaden durch den Wald, schließlich auf einer Forststraße an den Stationen 20 und 21 vorbei auf eine Teerstraße. Nun links, dem Ww. »Fernsehsender Nürnberg« folgend, kommen wir zum nahen **Wanderparkplatz ❶** im **Spitalwald** zurück.

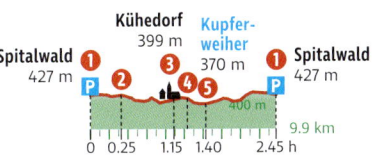

↗ 250 m | ↘ 250 m | 11.1 km

10 Von Schwimbach auf den Auer Berg

3.00 h

Beschauliche Winkel bei Thalmässing

Wer Beschaulichkeit sucht, wird in Schwimbach fündig. Das gut geschützt in einem stillen Seitental zwischen sanften Hügeln liegende Dorf ist ein wahres Kleinod mit einem sehenswerten Hochaltar in der Pfarrkirche St. Lorenz aus dem Jahr 1511 sowie gut erhaltenen, teils denkmalgeschützten Häusern und liebevoll gestalteten Gärten.

Ausgangspunkt: Kleiner Parkplatz bei einem Brunnen unterhalb der Kirche St. Lorenz in Schwimbach, 448 m. Navi: 91177 Thalmässing, Schwimbach. Alternativ Start bei der Bushaltestelle Thalmässing, Marktplatz oder Nürnberger Str. (je nach Linie).
Markierungen: Bis Burgstall Landeck Nr. 1, danach bis Appenstetten Nr. 2 und 5, auf dem Auer Berg ohne Mark., beim Abstieg nach Schwimbach die Nr. 7.
Anforderungen: Leichte Wanderung auf überwiegend guten Wegen, jedoch mit einer kräftigen Steigung am Auer Berg.
Einkehr: Keine Möglichkeit.
Sehenswertes: St.-Lorenz-Kirche in Schwimbach; Burgstall Landeck mit dem Naturdenkmal der zwölf Linden.

Die Mark. Nr. 1 führt in **Schwimbach** ❶ zwischen Kirche und Pfarrhaus auf einen gepflasterten Feldweg, der rechts vom Feuerwehrhaus den Ort verlässt und in einem Bogen die Straße Schwimbach – Stetten erreicht. Diese überqueren wir und folgen dem leicht fallenden Feldweg geradeaus. Rechts am Waldrand entlang, bis der Ww. »Thalmässing« nach rechts weist. Nach 230 m links (Mark.) in den Mischwald und ansteigend zu einer Forststraße. Auf dieser nach rechts und nach knapp 200 m links auf einen Wanderweg,

Heimelig: Schwimbach inmitten grüner Wiesen und sanfter Hügel.

der südlich um die Erhebung herumführt und nach einem kurzen Steilstück den Hügel **Landeck** ➋ mit seinem Burgstall und kleiner Hütte erreicht. Anschließend kurz bergab zum Naturdenkmal der zwölf Linden und links vorbei auf einen Pfad. Nach ca. 100 m rechts auf einen Steig und an einem Holztisch mit Bänken vorbei (Ww. »Auer Berg«) zu einem quer verlaufenden Feldweg. Mit der Mark. Nr. 2 und 5 erst links, dann rechts am Waldrand entlang zu einem Weiher. Durch die Wiesen rechts davon über eine Straße und geradeaus weiter zum Hof **Appenstetten**. In einem Bogen um den Hof herum (Mark.) und auf der zunehmend steileren Teerstraße bis zu ihrem Ende.

Hier wechseln wir auf einen Steig, der steil durch den Wald bergauf führt. Auf einem wieder breiteren Weg auf die Hochfläche des **Auer Bergs** ➌ und rechts zu einer Wegkreuzung mit Bank und Tisch. Über die Teerstraße und gegenüber auf einem Feldweg (Mark.) wunderschön durch Trockenrasenhänge. Kurz nachdem die Mark. 2 rechts abzweigt, führt links ein Weg in den Wald hinein, auf dem wir nach wenigen Metern eine Forststraße erreichen und dieser nach links folgen. In einer Rechtskurve, kurz nach dem Schild »Poppenholz«, geradeaus in einen Waldweg, der hinaus führt auf die freien Wiesen des Auer Bergs. Auf einem Feldweg nach rechts und kurz vor dem Ende des Plateaus bei einer Hecke links (keine Mark.).

Entlang der **Benjeshecke** ➍ zum Waldrand und an diesem entlang zu einem alten Grenzstein. Ab hier der Mark. 7 folgend zur Straße Dixenhausen – Schwimbach und auf dieser bergab zum Ausgangspunkt in **Schwimbach** ➊.

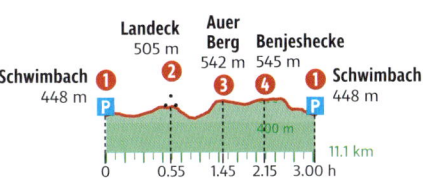

TOP 11
Archäologischer Wanderweg Thalmässing

↗ 270 m | ↘ 270 m | 14.5 km
3.45 h

Landschaftlich und historisch interessante Runde

Die Höhen um den beschaulichen Marktort Thalmässing waren bereits in vorgeschichtlicher Zeit besiedelt. Entsprechend zahlreich sind Bodendenkmäler wie Wohnplätze, Kultstätten, Grabhügel und Befestigungsanlagen – sichtbare Zeugen der Vergangenheit. Der Archäologische Wanderweg bei Thalmässing, der auch landschaftlich zu überzeugen weiß, berührt einige der bedeutendsten kulturhistorischen Fundorte. Schautafeln informieren über Details, die Funde sind im vor- und frühgeschichtlichen Museum ausgestellt. Dort erhält man auch eine Übersichtskarte mit detaillierten Erklärungen zu den einzelnen Ausgrabungsstätten.

Ausgangspunkt: Großer Parkplatz am östl. Ortseingang von Thalmässing, 412 m. Navi: 91177 Thalmässing, Münchener Str. Bushaltestelle: Thalmässing, Marktplatz oder Nürnberger Str. (je nach Linie).
Markierungen: Schilder »Archäologischer Wanderweg V« (Vorgeschichte), in Landersdorf »D«, zw. dem Geschichtsdorf Landersdorf und der Wegkreuzung nordwestl. von Landersdorf »Archäologischer Wanderweg K« (Keltenweg).
Anforderungen: Gemütliche Wald- und Wiesenwege, nur wenige steilere Passagen. Immer wieder Bänke, teilw. auch Tische für die Rast.
Einkehr: Landghs. Weglehner in Landersdorf (Fr–So); Ghs. in Thalmässing.

Sehenswertes: Archäologisches Museum Fundreich Thalmässing (geöffnet April–Mitte Sept. Di–So 10–12 u. 13–16 Uhr, Mitte Sept.–März Fr–So 10–12 u. 13–16 Uhr); Geschichtsdorf Landersdorf mit Rekonstruktionen eines Steinzeit-, eines Kelten- und eines Bajuwarenhauses; rekonstruierte Grabhügel aus der Hallstattzeit unterhalb der Reuther Platte.
Tipps: Die Keltenschanze von Ohlangen westl. von Thalmässing, lohnt einen Abstecher vom Wanderweg. Die Viereckschanze zählt zu den größten und besterhaltenen in Bayern. Zwischen Waizenhofen und Landersdorf läuft man auf einem Teilstück des 1. Deutschen Spaßwanderwegs (www.spasswanderweg.de).

Der Nachbau des Keltenhauses ist bei Landersdorf zu besichtigen.

Auf der Münchener Straße gehen wir vom **Parkplatz** ❶ nach **Thalmässing** hinein. Gegenüber vom Archäologischen Museum steht zwar ein erster Schilderbaum, doch dort sucht man den Ww. »Archäologischer Wanderweg« noch vergebens. Mehr Erfolg hat man wenige Meter weiter rechts, wo ein großes »V« auf braunem Grund links in die Ringstraße weist und in der Folge kaum zu verfehlen ist. In der Ringstraße biegen wir rechts ab in den Waizenhofener Weg, verlassen nach wenigen Metern den Ort und wandern leicht ansteigend über einen Feldweg bis zum Waldrand. Deutlich steiler geht es weiter zur Johann Denzler Linde, die Ende der zwanziger Jahre des letzten Jahrhunderts gepflanzt wurde, allerdings genoss man damals von hier noch eine gute Aussicht – heute steht man mitten im Wald. Kurz oberhalb biegen wir links ab und queren im leichten Auf und Ab an zwei Kellern vorbei die Hänge, ehe wir nach einem kurzen Steilstück die Hochfläche und freie Wiesen erreichen.

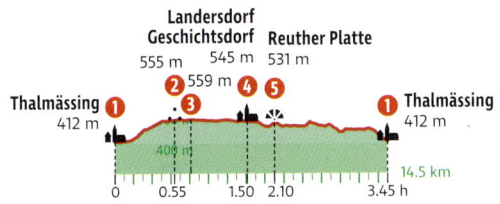

Unspektakulär, aber geschichtlich bedeutend: ein Grabhügel aus der Hallstattzeit.

Wegspuren führen über den Trockenrasen und nach kurzer Zeit tauchen die ersten archäologischen Schautafeln auf, die u. a. über die vorgeschichtliche Besiedelung informieren. Ein ehemaliger Abschnittswall ist nur schwer zu erkennen, etwas deutlicher sichtbar ist neben der auffallenden Laubbaumreihe das nächste Bodendenkmal: ein **Grabhügel** ❷ mit Steinumrandung.
Wir wandern östlich der Laubbaumreihe weiter Richtung Süden, biegen nach einem Fußballfeld links ab (Ww.) zu einem Aussichtspunkt und erreichen rechts haltend **Waizenhofen** ❸. Im Ort links und nach wenigen Metern, gleich hinter einer kleinen Kirche, wieder links (Ww.). Eine schmale Teerstraße, die schon bald zum Feldweg wird, führt aus dem Ort zu einem Trockenrasen. Trittspuren folgend zur Schautafel »Hinterer Berg – Befestigungsanlagen«, dort rechts haltend immer entlang des Waldrandes zu einer keltischen Eisenverhüttungsanlage und weiter nach Landersdorf. Bei den ersten Häusern halten wir uns an die Mark. »D«. (wer abkürzen möchte, der folgt der Mark. »V«. im spitzen Winkel bergab), um nach wenigen Metern eine Straße zu erreichen. Dort rechts (»D«) und den Schildern folgend zum Parkplatz des **Geschichtsdorfes Landersdorf** ❹. Nach der Besichtigung der Nachbauten von Keltenhäusern – auf den Ackerflächen um die Häuser wachsen Einkorn, Emmer, Dinkel, Ackerbohnen und Lein – folgen wir gegenüber vom Parkplatz der Mark. »D«, die östlich an Landersdorf vorbeiführt und mit Höhenverlust ein freigelegtes Grabhügelfeld aus der Hallstattzeit erreicht.

Die Reuther Platte im Blick umgehen wir das trennende Feld rechts und erreichen nach einem kurzen Steilaufschwung die **Reuther Platte** ❺. Zurück am Fuß des kleinen Plateaus halten wir uns bei der Schautafel »Schnurkeramisches Hockergrab von der Reuther Platte« rechts, um das Feld diesmal westseitig zu umgehen. Vorbei an dem bereits besichtigten Grabhügelfeld erreicht man bei der Bushaltestelle »Göllersreuth Grabhügel« eine Straße, folgt dieser ein paar Meter nach links und biegt bei der ersten Gelegenheit gleich wieder rechts ab. Nach einer wunderschönen Streuobstwiese wechseln wir in den Wald und queren diesen nahezu eben zu einer Wegkreuzung, bei der der von Landersdorf kommende Weg mit der Mark. »V« einmündet – eine Abkürzung für alle, die den Umweg über das Geschichtsdorf und die Reuther Platte auslassen.

Über einen kleinen Wasserlauf, dann der flachen Straße weiter folgend etwas eintönig durch den Wald. Kurz vor **Gebersdorf** werden wir mit einem schönen Ausblick belohnt, dann folgen wir dem Mark. durch den kleinen Weiler und verlassen diesen am Ortsende rechts. Kurz steil bergauf, dann bei einer leicht zu übersehenden Abzweigung rechts. Immer den Markierungen folgend erst am Waldrand entlang, dann wieder durch Wald, den wir erst oberhalb von **Thalmässing** hinter uns lassen. Aussichtsreich wandern wir die letzten Meter bergab zu dem kleinen Gewerbegebiet am Ostrand des Marktes und zum unterhalb davon befindlichen **Parkplatz** ❶.

Das Museum in Thalmässing ist einen Besuch wert.

↗ 250 m | ↘ 250 m | 10.0 km

12 Von Zirgesheim nach Schäfstall

2.45 h

Aussichtspunkte über dem Donautal

Donauwörth am Zusammenfluss der kleinen Wörnitz mit der Donau ist ein beliebtes Ziel für Städtebummler. Außerhalb der Stadt verlaufen viele schöne Wanderwege, wobei die Strecken zwischen Zirgesheim und Schäfstall durch ihre Lage direkt über der Donau punkten. Einen Abstecher in die Innenstadt von Donauwörth sollte man nach der Wanderung unbedingt einplanen.

Ausgangsort: Parkplatz an der Kirche von Zirgesheim, 410 m. Navi: 86609 Donauwörth, Kirchberg. Bushaltestelle: Zirgesheim, Kirche.
Markierungen: Der Weg nach Schäfstall ist beschildert, bis zur grün-weiß gestreiften Mark. des Edelweißwegs ist ein Stück nicht markiert.
Anforderungen: Einige Höhenmeter müssen auf dieser Tour überwunden werden – allerdings meist auf breiten Feldwegen. Am Schluss steiler Abstieg nach Zirgesheim.
Einkehr: Unterwegs keine; Ghs. in Zirgesheim.
Sehenswertes: Aussichtspunkte über der Donau; Flugbetrieb am Segelflugplatz.
Tipp: Kinderwagenfreundlich wird die Tour, wenn man ab dem Segelflugplatz der Straße nach Zirgesheim folgt.

Von der Kirche in **Zirgesheim** ❶ gehen wir durch die Schenkensteinerstraße bis kurz vor die Bundesstraße und biegen links in die Hillerstraße. Am Ende rechts und nach 70 m links (Ww. »Segelflugplatz«) in den Stillbergweg ab (Ww. »Wanderweg Schäfstall/Leitheim«). Sanft ansteigend verlassen wir Zirgesheim, genießen die Ausblicke über das Donautal und biegen am höchsten Punkt beim **Karweiserhof** ❷ gleich nach dem ersten Haus rechts in einen Feld- und Wiesenweg ab (Ww. »Napoleonstein – Schäfstall«). Schnell verlieren wir die gewonnene Höhe wieder, werden aber entschädigt mit einem Traumblick ins flache Donautal. Etwas oberhalb der Bundesstraße treffen wir auf einen Feldweg, dem wir links leicht ansteigend in Richtung einer Kirche

Immer wieder begeistern die Panoramablicke über die Donau, wie hier bei St. Felizitas.

folgen. Ein kurzer Abstecher nach links führt zum **Napoleonstein** ❸, einem Aussichtspunkt, von dem Napoleon am 7. Oktober 1805 den Übergang seiner Truppen über den Lech beobachtete. Kurz danach lohnt sich ein weiterer Abstecher nach rechts zu besagter, schön gelegenener Kirche **St. Felizitas**. Wieder zurück, auf der Straße nach **Schäfstall**, dort rechts und kurz vor dem Ortsschild links in die Graf-Berthold-Straße (Ww. »Altisheim/Leitheim«). Auf der Teerstraße aufwärts bis zu einem Gehölz, an diesem links vorbei und in einer Linkskurve geradeaus über einen Wiesenweg bis zu einem geteerten Weg. Links haltend zu einer Bank, bei der wir auf die Mark. des Edelweißwegs treffen. Nun links am Waldrand entlang mit schöner Aussicht auf die Hochfläche, wo wir schräg links vor uns bereits den **Segelflugplatz Stillberghof** sehen. An der Wegkreuzung geht es links (Mark.) und an den Rand der Ebene. Ein **Rastplatz** ❹ mit Bänken und Tischen lädt zum Verweilen ein, ebenso die Aussicht über das Donautal. Wir gehen den Feldweg nach rechts, am Flugplatz, entlang bis zur nächsten Abzweigung (Blick zurück nach Schäfstall) und folgen den Mark. des Edelweißwegs geradeaus am Waldrand entlang. In Sichtweite des Karweiserhofs weisen die Mark. nach rechts. Durch den fast parkähnlichen Wald führt ein schöner Pfad. Oberhalb von Zirgesheim lohnt sich noch der Abstecher zu einer **Kapelle** ❺ (Ww.), dann geht es bergab bis zu einer Straße. Dort links, über zwei Brücken und durch die Lederstätter Straße zurück zur Kirche in **Zirgesheim** ❶.

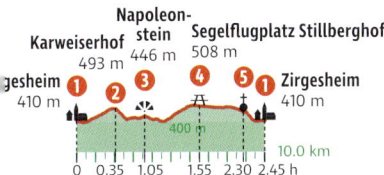

13 Von Wemding auf die Platte

↗ 200 m | ↘ 200 m | 11.6 km
2.45 h

Gemütliche Runde zur Wallfahrtsbasilika Maria Brünnlein

Das malerische Wemding mit seinem außergewöhnlich schönen historischen Stadtkern schmiegt sich ganz am Rand des Nördlinger Rieses zwischen die sanften Hügel. Eine geschützte Lage, wobei dieser Eindruck durch die Reste der Stadtbefestigung, die einst aus drei Toren und 30 Wehrtürmen bestand, noch verstärkt wird.

Ausgangspunkt: Parkplatz am Johannisweiher, 456 m. Navi: 86650 Wemding, Wolferstädter Str. Bushaltestelle: Wemding, Johannisgraben.
Markierungen: Nach dem Kreisverkehr im Polsinger Weg beginnt die Mark. We 2, die mit Ausnahme des Abstechers zum Dooosweiher bis zur Wallfahrtsbasilika führt. Danach der Mark. Frankenweg folgend in die Stadt.
Anforderungen: Bis auf einen kurzen Abschnitt im Wald vor Amerbach meist breite Feld- und Waldwege, den steilsten Anstieg auf die Platte bringt man gleich zu Beginn hinter sich.
Einkehr: Ghs. in Wemding; Ghs. mit Biergarten an der Wallfahrtsbasilika Maria Brünnlein.
Sehenswertes: Historische Altstadt Wemding; Zeitpyramide auf der Platte, alle 10 Jahre wird sie um einen Betonquader erweitert, bei der geplanten Fertigstellung im Jahr 3193 (!) wird sie über 7 m hoch sein und aus 120 Quadern bestehen; Wallfahrtsbasilika Maria Brünnlein; Heimatmuseum Wemding, Besichtigungen nach Vereinb., Tel. 09092 969035.

Vom **Parkplatz** ❶ in **Wemding** gehen wir in Richtung Innenstadt und folgen der Stadtmauer rechts zum Amerbacher Tor, das als einziges Tor von der ehemaligen Wehranlage übrig geblieben ist. Auf dem Polsinger Weg an der Realschule vorbei stadtauswärts und 150 m nach dem Ortsschild rechts in

Schöne Lage: die Wallfahrtskirche Maria Brünnlein am Rand des Nördlinger Rieses.

ein Teersträßchen zur Zeitpyramide (Ww.). Oben, auf der sogenannten **Platte** ❷, können wir das gesamte Nördlinger Ries und dessen kraterartige Gestalt überblicken. Die Straße führt an der Betonfläche der Zeitpyramide vorbei und biegt nach 300 m bei einem Fußballplatz links ab. Geradeaus über die nächste Kreuzung hinweg auf einen Feldweg und der Mark. folgend leicht fallend in lichten Laubwald. Geradeaus bis zur übernächsten Kreuzung (Mark. We 2 weist nach links); von dort Abstecher nach rechts an den glasklaren und wegen seiner Lage mitten im Wald verwunschen anmutenden **Doosweiher** ❸ mit der dahinter liegenden Doosquelle. Ein kleiner Pfad führt rechts um den Weiher herum zur Quelle; danach auf der Forststraße zurück zur Kreuzung, wo wir uns vom Weiher kommend geradeaus halten und nach 400 m den Saulachweiher passieren. Nach dem Gewässer rechts (Mark.), über die Straße nach Polsingen und der Forststraße rund 200 m bis zu einer leichten Linkskurve (Jägerstand) folgen. Dort geradeaus in einen Wiesenweg (Mark.) und auf diesem durch Wald, dann am Waldrand entlang zu einer kreuzenden Forststraße. Links den Mark. folgend in einem großen Bogen auf die Erhebung des **Hessenbühl** ❹ und mit Höhenverlust an den Ortsrand von **Amerbach**. Hier links und nach 100 m wieder links taleinwärts, dann bei der nächsten Möglichkeit rechts (Mark.) hinunter zum Amerbach. Dort der Mark. folgend kurz rechts, dann links durch ein sanftes Tälchen leicht ansteigend zu einer einzelnen Linde mit Wegkreuz. Rechts den Mark. folgend problemlos zur Basilika **Maria Brünnlein** ❺, wobei das Schlussstück entlang einer Straße verläuft. Daher besser vor dem Wildgehege links abbiegen und auf dem Feldweg entlang des Zaunes direkt zur Wallfahrtskirche wandern. 50 m nach der Kirche führt ein Fußweg nach rechts in ein Wohngebiet bis zu einem Fußballfeld. Von dort 40 m nach rechts und dann links in die Forellstraße, wo wir uns in der Rechtskurve geradeaus halten. Auf dem Fußweg erreichen wir den historischen Stadtkern von **Wemding** und weiter über die Mangoldstraße, dann links in Richtung Johannisweiher, den **Parkplatz** ❶.

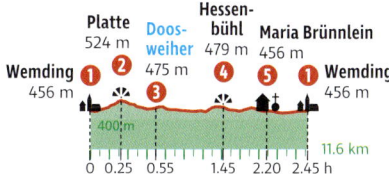

↗ 150 m | ↘ 150 m | 10.8 km

14 Von Treuchtlingen zum Karlsgraben

2.30 h

Zur Nahtstelle zwischen Nordsee und Schwarzem Meer

Egal ob man sich für Geschichte, Natur oder Wellness interessiert – Treuchtlingen bietet für jeden Geschmack das Passende. So wurde 1976 bei einer Tiefenbohrung eine Thermalquelle entdeckt, deren 36 Grad warmes Wasser die Becken der Altmühltherme füllt. Südöstlich von Treuchtlingen hat sich die Altmühl wunderschön in die Alb eingegraben, nördlich des Kurorts mit seinem mittelalterlichen Stadtkern befindet sich die europäische Wasserscheide. Bis auf wenige Kilometer nähern sich hier Altmühl und Rezat, dazwischen nur eine sanfte Erhebung als Trennung. Die günstige Lage hat bereits Kaiser Karl der Große erkannt, der hier 793 einen Kanal ausheben ließ, um eine Verbindung zwischen Main und Donau und damit zwischen Nordsee und Schwarzem Meer zu schaffen.

Ausgangspunkt: Parkplatz beim Kurpark in Treuchtlingen, 411 m. Navi: 91757 Treuchtlingen, Kästleinsmühlenstr. Vom Bahnhof in wenigen Min. zu erreichen.

Markierungen: Anfangs die Nr. 6, hinunter nach Graben blauer Punkt, Rückweg am Nagelberg Nr. 4.

Anforderungen: Ebene Wanderung mit minimalen Steigungen, meist breite Wege und Feldwege, ein paar Stufen am Nagelberg. Waldpfad auf dem Rückweg auf der Ostseite des Nagelbergs.

Einkehr: Ghs. in Graben; Ghs. in Treuchtlingen.

Tipps: Informationszentrum des Naturparks Altmühltal im Stadtschloss Treuchtlingen, Mo–Fr 9–12 u. 13–17 Uhr, April–Sept. auch Sa 9–13 Uhr; Karlsgraben-Ausstellung in Graben, 1. Mai bis 15. Oktober Mi–So 14–17 Uhr; Karlsgraben; Ruine der Villa Rustica.

Zu den Resten des nie fertiggestellten Kanal-Projekts führt uns diese Wanderung, bei der wir uns beim Parkplatz am **Kurpark** ❶ in **Treuchtlingen** stadtauswärts wenden Richtung Nagelberg. Dem Ww. zur Kriegsgräberstätte folgend zu einem für Grünabfall genutzten Platz, hinter dem rechts (Mark. Nr. 6) ein Fußweg mit einigen Stufen hinauf zum Waldrand und zu einer Bank

Einst ein kühnes Projekt, heute ein beliebtes Ausflugsziel: der Karlsgraben.

führt. Dort links auf einem schönen Weg wenige Meter oberhalb einer parallel verlaufenden Forststraße, später auf dieser zur **Kriegsgräberstätte** ❷ und weiter zu einem Wanderparkplatz. Dort folgen wir der Straße abwärts (Mark. blauer Punkt) ins kleine Dorf **Graben**. Bei der kleinen Kirche rechts und durch die Karlsgrabenstraße zum **Karlsgraben** ❸. Auf den Radweg nach Weißenburg rechts am märchenhaft eingewachsenen Wasserkanal entlang zu einem Brunnen, der die europäische Wasserscheide markiert und dessen südlicher Abfluss ins Schwarze Meer, der gegenüberliegende in die Nordsee fließt. Weiter zu einer Straße, rechts bei einem Bahnübergang über die Gleise und nach 800 m zur Straße Treuchtlingen – Dettenheim. Eine Unterführung ermöglicht das gefahrlose Queren. Auf der anderen Seite auf dem Radweg weiter, bei der Weggabelung rechts und auf einem Feldweg gleichmäßig ansteigend Richtung **Nagelberg**.

Kurz vor dem Waldrand treffen wir auf den Rundweg um den Nagelberg. Wer dem Weg nach rechts folgt, kann am Waldrand über eine kurze Treppe das Plateau des Nagelbergs mit dem sogenannten **Hexentanzplatz** ❹ erreichen, eine große Lichtung mit Grillhäuschen, Kinderspielplatz und Fußballplatz. Links haltend umrundet der Steig den Nagelberg auf der Ostseite (Mark. Nr. 4) und erreicht so die Grundmauern der **Villa Rustica**, eines ehemaligen römischen Gutshofs. Bei der Abzweigung links, am Weinbergshof vorbei und beim Wanderparkplatz rechts auf der Kästleinsmühlenstraße zurück nach **Treuchtlingen** zum Parkplatz am **Kurpark** ❶.

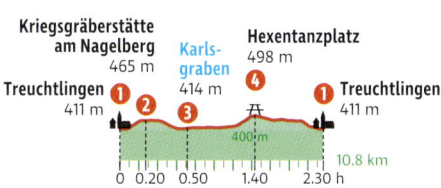

↗ 170 m | ↘ 170 m | 9.3 km

15 Von Weißenburg in den Ludwigswald

2.30 h

Wo frische Luft süchtig machen kann

Gleich hinter der malerischen Stadt Weißenburg an der Grenze zwischen Bayern und Franken dehnt sich ihre grüne Lunge aus. Der Weißenburger Wald ist ein Bilderbuchwald, der seit Jahrhunderten gepflegt und gehegt wird. Am 3. Oktober 1338 überließ Kaiser Ludwig IV. den Weißenburgern das Waldgebiet vom Rand der Albhochfläche bis hinüber ins Laubental. Seitdem wird es auch Ludwigswald genannt.

Der Ludwigswald ist die grüne Lunge Weißenburgs.

Ausgangspunkt: Wanderparkplatz Jakobsruhe, 515 m, an der Straße zum Bergwaldtheater. Navi: 91781 Weißenburg, Holzgasse. Vom Bahnhof Weißenburg rund 25 Min. zu Fuß.
Markierungen: Nr. 7 bis zur Abzweigung vor dem Bergwaldtheater, auf dem Waldlehrpfad gelbe Schilder mit der Silhouette eines Spechts an einem Baum, ab dem Römerbrunnen Nr. 6.
Anforderungen: Eine Steigung oberhalb des Stadelhofs und ein etwas steilerer Abstieg zum Römerbrunnen. Sonst gut gepflegte, meist ebene Wege durch den romantischen Ludwigswald.
Einkehr: Unterwegs keine; Ghs. in Weißenburg.
Sehenswertes: Aussichtspunkt Jakobsruhe; Römerbrunnen; historische Altstadt von Weißenburg mit gut erhaltener Stadtmauer; Bayerisches Limes-Informationszentrum.

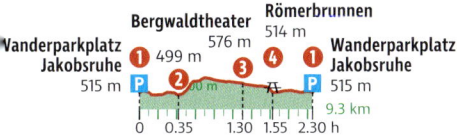

Vom **Wanderparkplatz Jakobsruhe** ❶ nahe Weißenburg führt der Wanderweg in südwestlicher Richtung durch eine schöne Allee (Mark. Nr. 7, Ww. »Gunthildisweg«). Beim Aussichtspunkt Jakobsruhe gabeln sich die Wege; wir folgen der Mark. des Main-Donau-Wegs in den rechten Pfad, der unter großen Laubbäumen am Rand der Trockenrasen entlangführt und dabei immer wieder schöne Ausblicke ermöglicht. Später wieder gemeinsam mit der Mark. Nr. 7 zu einer Weggabelung oberhalb des **Stadelhofs** ❷ und links auf einen Steig (Nr. 7), der durch den Wald bergauf führt. Die Mark. leitet einen ohne Orientierungsprobleme durch den Ludwigswald bis zu einer Wegkreuzung bei einem ehemaligen Steinbruch.

Hier geradeaus weiter (ohne Mark.) und auf einem schönen Waldpfad am Rand der Hochfläche zum **Bergwaldtheater** ❸. Oberhalb der idyllisch unter Buchen versteckten Arena vorbei zur Straße Weißenburg – Haardt und gegenüber in einen Waldweg. Nach ca. 200 m trifft der Weg auf den Walderlebnispfad. Rechts zur bereits sichtbaren Schautafel zu Alt- und Totholz und an dieser vorbei mit der Mark. zu einer Wegkreuzung mit Bank und kleiner Übersichtskarte. Hier links und an der Bank vorbei auf einen schönen Steig, der in Serpentinen hinunterführt zum **Römerbrunnen** ❹, mit Grillplatz.

Hier biegen wir links ab (Ww. »Gunthildisweg«, Nr. 6) und folgen bei der Weggabelung dem linken, oberen Weg (Mark. Nr. 6), der durch Wald und schließlich eine Allee zum Parkplatz unterhalb des Theaters führt. Entlang der Straße direkt oder dem Wanderweg mit einer Schleife über den Aussichtspunkt Jakobsruhe folgend geht es zurück zu unserem Ausgangspunkt am **Wanderparkplatz Jakobsruhe** ❶.

TOP 16 Von Weißenburg auf die Alb

↗ 370 m | ↘ 370 m | 15.2 km
4.00 h

Aussichtsrunde zwischen Wülzburg und Bismarckturm

Weißenburg, bekannt für seine wunderschöne Altstadt und die römischen Thermen, wird überragt von der Wülzburg, einem Bergrücken der südlichen Frankenalb mit eindrucksvoller Renaissance-Festungsanlage. Umgeben wird das einzigartige Denkmal von einem breiten, in den Fels geschlagenen Graben. Zur Sicherung der Wasserversorgung wurde hier ein 133 m tiefer Brunnen gegraben, einer der tiefsten Festungsbrunnen Europas. Unter dem Bayernkönig Ludwig I. wurde im Innenhof noch eine riesige Zisternenanlage gebaut. Im 19. und 20. Jh. diente die Wülzburg als Gefangenen- und Flüchtlingslager, in dem 1918 auch Charles de Gaulle inhaftiert war.

Ausgangspunkt: Parkplatz Schulzentrum Weißenburg, 422 m. Navi: 91781 Weißenburg, An der Hagenau. Vom Bahnhof gut 10 Min.
Markierungen: Bis zur Eichstätter Straße Nr. 2 u. 5. Von der Wülzburg bis zum Ortsausgang von Kehl blau-weiße Mark. des Main-Donau-Weges und roter Strich auf weißem Grund. Danach bis zum Bismarck-Turm keine konstante Markierung, dann Nr. 2 und Stadtmauer-Rundweg zurück zum Ausgangspunkt.

Anforderungen: Etwas anstrengender Anstieg auf die Wülzburg und ein steiler Abstieg vom Bismarckturm, dazwischen meist ebene, breite Feld- und Waldwege sowie kleine Sträßchen.
Einkehr: Ghs. König in Oberhochstatt; Naturfreundehaus Rohrberghaus; Ghs. in Weißenburg.
Sehenswertes: Historische Altstadt in Weißenburg mit seiner gut erhaltenen Stadtmauer; Wülzburg (www.weissenburg.de/wuelzburg).

In **Weißenburg** vom **Parkplatz Schulzentrum** ❶ an den Schulen vorbei zum Römerbrunnenweg, schräg gegenüber (Mark. Nr. 2 und 5) in die Straße Am Volkammersbach, dann links durch die Ferdinand-von-Wissel-Straße zur Eichstätter Straße, auf der wir uns rechts in Richtung Umgehungsstraße orientieren, die links der Kreuzung auf einer Fußgängerbrücke gefahrlos überquert wird. Ein Ww. zur Festung Wülzburg gibt die Richtung vor und leitet uns in einen von einer Allee gesäumten Fußweg, dem wir bis zur **Wülzburg** ❷, 629 m, folgen. Wir erreichen die ehemalige Festung beim Eingangstor im Südwesten, von dem aus wir nach einem Besuch im Innern der Burg dem Burggraben im Uhrzeigersinn (Ww. »Gedeckter Weg«, Nr. 13) um die Mauer herum folgen bis zum südöstlichen Eck des Grabens. Dort überqueren wir den seitlichen Steinwall auf Pfadspuren und folgen der blau-weißen Mark. M-D und einem roten Strich auf weißem Grund. Der Pfad führt hinab auf eine Wiese, dort links und am Waldrand entlang (Mark.) zu einem Kiesweg, auf dem wir eine Teerstraße und die ersten Häuser von

Eine traumhafte Allee führt von Weißenburg hinauf zur Wülzburg.

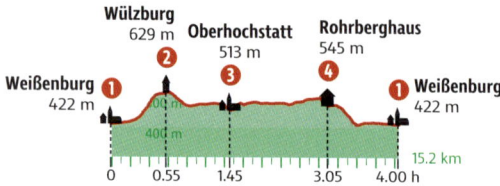

Kehl erreichen. Links haltend kommen wir in den kleinen Ort, zweigen aber schon 80 m nach dem Ortsschild rechts in die Straße Oberer Weiler ab, auf der wir zum Ortsrand gehen. Dort folgen wir dem Feldweg aussichtsreich nach **Oberhochstatt** ❸. Alternativ können wir auch einen etwas oberhalb im Wald verlaufenden Pfad nehmen.

Bei einer Bushaltestelle in der Nähe der Kirche erreichen wir den Ort und folgen der Straße bergauf. Oberhalb des Ghs. Fritz König halten wir uns halb links und folgen den Straßen Burgstall und Am Klingengraben zu den ersten Tafeln eines Vogellehrpfads. Der Mark. »Weißenburger Römerweg« folgend geradeaus in einen von Hecken und Trockenrasen gesäumten Feldweg, der im leichten Auf und Ab aussichtsreich die Hänge quert. Auf der von Niederhofen kommenden Teerstraße hinauf bis zu einer Rechtskurve, bei der wir geradeaus in einen geteerten Feldweg (Mark. »Römerweg«) biegen. Am Ende des geteerten Stücks rechts haltend zum Waldrand (Mark »Frankenweg« mit rotem Strich auf weißem Grund). Nach links führt ein Feldweg am Wald

Riesige Zisternen im Innenhof sicherten die Wasserversorgung auf der Burg.

entlang, wenige Meter rechts davon verläuft parallel ein schöner Fußpfad im Wald. Beide Wege treffen am Feldende aufeinander, wo wir uns an die Mark. »Frankenweg« halten, die hinab zum **Rohrberghaus** ❹ leitet. Hinter dem Naturfreundehaus folgen wir dem am Hang entlangführenden Weg (Trimm-Dich-Pfad) zum Waldrand, wo sich der Blick auf den Bismarckturm, Weißenburg und die Wülzburg auf der anderen Talseite öffnet.

Wir gehen auf dem Kiesweg 100 m bergab und dann links (Nr. 13, »Römerweg«) zum bereits sichtbaren **Bismarckturm**, den wir auf einer Wendeltreppe in seinem Innern erklimmen können. Ein steiler Fußpfad durch eine Allee (Mark. Nr. 2) führt talwärts zur Schrebergartensiedlung Hohenmühle und zum Parkplatz dahinter. Die Straße leitet zur Umgehungsstraße von **Weißenburg**, die links auf einer Brücke überquert wird. Wir folgen der Niederhofener Straße stadteinwärts bis zu einer Kreuzung und dann gegenüber dem Stadtmauer-Rundweg bis zum **Parkplatz** ❶ am Seeweiher.

17 Zwischen Anlauter- und Altenwassertal

↗ 210 m | ↘ 210 m | 11.3 km
3.00 h

Grüne Täler und karge Höhen

Wer von Bechthal über den sanften Rücken zur Burgruine schlendert und von dort über die Trockenrasen hinunter ins grüne Anlautertal mit dem mäandrierenden Bach schaut, der wird sofort gefangen von der unberührten Natur und genießt die Ruhe und Beschaulichkeit dieses Orts. Zu der Idylle passt auch, dass auf den Trockenrasen gegenüber meist ein Schäfer mit seiner Herde unterwegs ist. Und wer im Sommer eine Abkühlung braucht, dem bietet der erst 1976 im Zuge der Flurbereinigung entstandene und von Quellwasser gespeiste Badesee eine willkommene Erfrischung.

Ausgangspunkt: Parkplatz beim Bechthaler Weiher im Anlautertal, 483 m. Navi: N49.022010, E11.181430.
Markierungen: Keine.
Anforderungen: Überwiegend schöne und bequeme Feldwege, durch das Altwassertal Fahrspuren und schmale Trampelpfade.
Einkehr: Unterwegs keine; Ghs. in Titting.
Tipp: Badesee Bechthaler Weiher mit Kinderspielplatz und Liegewiese.
Variante: Vom Parkplatz aus kann man vor oder nach der Tour noch einen kleinen Abstecher zu zwei nördl. gelegenen Sehenswürdigkeiten machen: Wo die Straße zum Badeweiher abzweigt, führt auch eine kleine Teerstraße nach Norden in ein schönes Tal. Bald taucht rechter Hand ein alter Steinbruch mit Schautafel auf, und wenig später informiert eine weitere Schautafel über die Trockenrasen, die das karge Landschaftsbild des Tals prägen. Nun entweder den Weg zurück oder auf der Teerstraße weiter. Hat man die Hochfläche erreicht, biegt man nach rechts ab und gelangt über Stadelhofen (hier wieder rechts halten) zurück zum Ausgangspunkt.

Vom Parkplatz am **Bechthaler Weiher** ❶ gehen wir auf der Straße ein kurzes Stück zurück, bis im spitzen Winkel nach rechts ein geteerter Fahrweg auf die Hochfläche führt. An der Wegkreuzung bei einem Baum laufen wir geradeaus in die Felder. Bei einem allein stehenden Baum, in dessen Schatten ein großer **Steinquader** ❷ steht, behalten wir die Richtung bei und folgen dem Feldweg durch eine Senke bis zur Straße Stadelhofen – Mantlach. Auf dieser kurz weiter, bis rechts ein Feldweg abbiegt. Nach wenigen Metern erneut rechts und leicht fallend ins **Altenwassertal**. Teils auf Fahrspuren, dann wieder auf Trampelpfaden wandern wir durch das einsame Trockental,

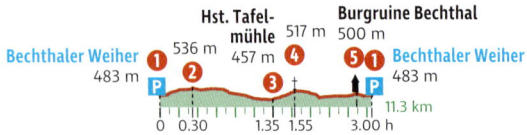

bis wir kurz vor Titting eine Teerstraße erreichen. Auf dieser kurz rechts bis zu einer **Bushaltestelle** ❸ (»Titting Tafelmühle«) und rechts auf einen schönen Weg, der leicht ansteigend die Hänge quert und schöne Ausblicke ins Altenwassertal ermöglicht. Bei einem **Wegkreuz** ❹ erreicht man die Hochfläche, geht kurz rechts und gleich wieder links, um den Höhenrücken zu queren. Bei einer T-Kreuzung links der Teerstraße folgen bis auf Höhe des Waldes und halb rechts auf den abwärtsführenden Wiesenweg, der hinunter ins Anlautertal führt. Bei **Aichmühle** wird der Talboden erreicht. Auf dem Radweg Richtung Bechthal geht es nun bis fast zum Ausgangspunkt.

Inmitten karger Trockenrasenhänge steht die Ruine Bechthal.

Für den Abstecher zur **Burgruine Bechthal** ❺ folgen wir kurz vor dem Badesee einem Feldweg nach links. In einer Linkskurve wechseln wir dann auf einen Trampelpfad, der rechts über den Wiesenhang direkt zu den Resten der wahrscheinlich im Jahre 1633 von den Schweden zerstörten Burg auf einem vorspringenden Rücken über dem Tal führt. Der Bergfried im Osten ragt noch 30 m auf, daneben stehen Mauern eines ehemaligen Gebäudes. Auch Teile der alten Ummauerung und drei Abschnittsgräben sind zu erkennen. Über einen schmalen Pfad und Stufen auf der anderen Seite des Rückens zurück zum Parkplatz am **Badesee** ❶ bei **Bechthal**.

↗ 280 m | ↘ 280 m | 10.2 km

18 Auf den Pappenheimer Weinberg

2.45 h

Aussichtspunkte über Pappenheim und Zimmern

Unübersehbarer Mittelpunkt von Pappenheim ist die auf einem Felsriegel thronende Burg, einst die Residenz der Reichserbmarschälle des Heiligen Römischen Reichs Deutscher Nation. Die in weiten Teilen (Mauern, Vorburg, Wehrgängen, Zwingern, Türmen, Bergfried) erhaltene, sehr gepflegte Anlage beherbergt neben historischen Räumen und Ausstellungen eine Folterkammer, das Natur- und Jagdmuseum, den botanischen und den historischen Kräutergarten (über 2000 Arten) sowie eine Burgschänke. Sehenswert ist die Galluskirche. Die als Wohnungen und Büros genutzten beiden Schlösser können nur von außen besichtigt werden. Ein Höhepunkt ist der jedes Jahr am letzten Juni-Wochenende stattfindende Mittelaltermarkt mit Turnieren, bei denen Ritter zum Wettkampf antreten. Friedrich Schiller setzte der Stadt das größte Denkmal: Er legte seinem Wallenstein den berühmten Ausspruch »Daran erkenn' ich meine Pappenheimer« in den Mund.

Ausgangspunkt: Pappenheim, 419 m, Parkmöglichkeiten am Fuße des Weinbergs. Navi: 91788 Pappenheim, Beckstraße. Vom Bahnhof ist die Stadt in wenigen Minuten zu erreichen.
Markierungen: Oberhalb von Zimmern durchgehende Mark. Nr. 9, ab Hollerstein auch mit Mark. »Altmühltal-Panoramaweg«, am Weinberg Ww. und Nr. 5.
Anforderungen: Leichte Steigungen, etwas steiler auf dem Weinberg. Forststraßen, Wald- und Wiesenwege.
Einkehr: Ghs. in Pappenheim.
Sehenswertes: Aussichtspunkte am Weinberg und Hollenstein; Burg Pappenheim (www.grafschaft-pappenheim.de).
Variante: Die Tour lässt sich beträchtlich erweitern, wenn wir beim Abstieg vom Weinberg der Mark. Nr. 6 Richtung Göhren folgen und erst dort ins Tal absteigen.

Die Obere Bergstraße von **Pappenheim** ❶ bildet den Auftakt. Aber schon nach wenigen Metern verlassen wir die Straße in einer Rechtskurve und wechseln in einen Weg, der oberhalb der Häuser vorbeiführt; für ein kurzes Stück kann man in eine parallel verlaufende Allee wechseln. Auf der Straße nach Zimmern (Mark. Nr. 9) verlassen wir den Ort und erreichen durch den Wald den Rücken **Drei Linden** ❷ zwischen Pappenheim und Zimmern. Dort links ab und über den Rücken hinauf. Bei einer Wegkreuzung folgen wir dem Ww. »Bieswang« nach rechts und gehen bei der nächsten Möglichkeit (Ww. »Hollerstein«) wieder rechts. Immer geradeaus (Mark.) erreichen wir den Felskopf des Aussichtspunkts

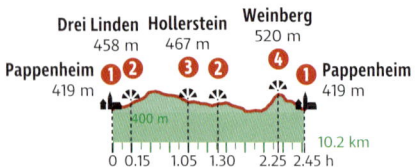

Fachwerk und Burgromantik: Hier leben die Pappenheimer.

Hollerstein ❸. Ein paar Meter zurück und auf dem Steig noch kurz bergab bis fast an den Waldrand. Auf dem rechten Weg (Ww. »Pappenheim«, Mark. Altmühltal-Panoramaweg) in gleichbleibender Höhe den Hang oberhalb von Zimmern queren bis zum Rücken bei den **Drei Linden** ❷.

Links über den flachen Rücken 500 m bis zum Waldrand. Dort auf kleinem Pfad bergab und auf halber Höhe zwischen der Altmühl und dem Rücken durch den Wald Richtung Pappenheim. Bei einer Wegkreuzung (kurz davor steht rechts oberhalb eine Holzhütte) nehmen wir den linken, mit einem Geländer gesicherten Weg, der hinunter ins Tal und zur Stadtparkbrücke führt, auf der wir die Altmühl überqueren. Bald erreichen wir über die Schützenstraße rechts die malerische Altstadt. Über die Altmühlbrücke verlassen wir die Stadt Richtung Rothenstein und biegen rechts in den steilen Weg Am Weinberg. Dem Ww. »Weinberg« folgend gleich noch mal rechts, und auf dem breiteren Weg (nicht geradeaus über die Stufen) in eine Lindenallee, die wunderschön auf den **Weinberg** ❹ führt. Bänke laden beim Anstieg zum Rasten ein, oben steht ein Pavillon. Wir gehen auf dem Weg links am Sendemast vorbei 150 m bergab, bis kurz vor dem Waldrand rechts im spitzen Winkel ein kleiner Weg in den Wald führt. In zwei Serpentinen angenehm bergab und kurz darauf talauswärts haltend zurück nach **Pappenheim** ❶.

↗ 290 m | ↘ 290 m | 12.8 km

19 Von Solnhofen nach Eßlingen

3.30 h

Von der Teufelskanzel zu den Zwölf Aposteln

Mit Solnhofen verbindet man in erster Linie die Steinbrüche, in denen auch Laien erfolgreich nach versteinerten Schätzen suchen können. In Zusammenhang mit dem feinkörnigen Solnhofener Stein steht allerdings auch das von Aloys Senefelder erfundene Verfahren der Lithografie.

Ausgangspunkt: Parkplatz am Bahnhof Solnhofen, 406 m. Navi: 91807 Solnhofen, Bahnhofstr.
Markierungen: Bis Maxberg sporadisch Nr. 3 und 4, ab Eßlingen Altmühltal-Panoramaweg.
Anforderungen: Kurze, steilere Anstiege, viele schöne, schmale Steige durch Trockenrasenhänge und Buchenwälder.
Einkehr: Ghs. Schnorgackl auf dem Maxberg; Ghs. 13. Apostel in Eßlingen; Ghs. in Solnhofen.
Sehenswertes: Solnhofener Sola-Basilika mit fünf übereinanderliegenden Kirchbauten seit dem 6. Jh., gehört zu den ältesten Baudenkmälern Deutschlands; im Rathaus befindet sich das Bürgermeister-Müller-Museum mit einzigartiger Sammlung von Fossilien aus dem Plattenkalk (www.museum-solnhofen.de).

In **Solnhofen** geht es vom **Bahnhof** ❶ auf dem Radwanderweg parallel zu den Bahngleisen Richtung Eichstätt. Beim Ortsschild über die Bahngleise und der Mark. folgend über den schönen Wiesenhang zur **Teufelskanzel** ❷ mit gutem Ausblick auf den Ort und die Zwölf Apostel. Weiter zu einer Hütte mit Grillplatz und auf dem Kiesweg links zu einer Weggabelung, an der wir uns leicht links halten. Bei der nächsten Wegkreuzung wieder links

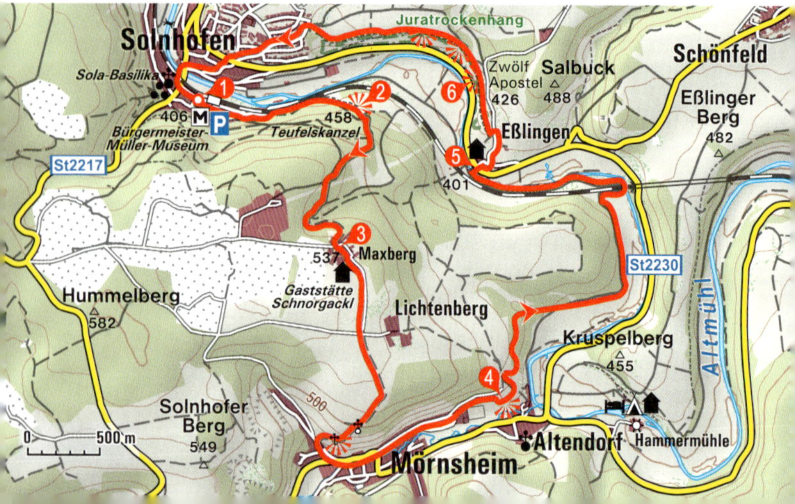

Die Zwölf Apostel zählen zu den markantesten Felsgestalten des Altmühltals.

und dem Forstweg folgend ins Werkgelände eines Steinbruchs auf dem **Maxberg** ❸ (Einkehrmöglichkeit im Schnorgackl). Den Mark. folgend auf die Zufahrtsstraße, in einer Rechtskurve geradeaus weiter, eine Straße kreuzen (Ww. »Mörnsheim«) und auf dem Feldweg abwärts bis zu einem Kreuz mit traumhaftem Blick auf Mörnsheim. Auf dem Wiesenweg weiter, dem Ww. »Altmühltal-Panoramaweg« folgend in den Ort, der einen Abstecher wert ist. Ansonsten geradeaus weiter über die Kreisstraße in die Frühlingstraße (Ww. Rundwanderweg Nr. 1). Nach gut 500 m links in die Straße Wacholdergarten (Mark. Nr. 1) und bergauf. Dem Ww. »Feldkreuz, Grafsloch« nach rechts folgen zum nahen **Feldkreuz** ❹ mit schönem Blick über Mörnsheim und der darunterliegenden Höhle (Grafsloch). Mark. Nr. 1 führt nun wunderschön über die Trockenrasenhänge zu einem Aussichtspunkt und, nah am Waldrand entlang, leicht aufwärts, bis der Weg im 90-Grad-Winkel nach links abbiegt. Dort auf einem deutlichen Pfad, der leider immer mehr zuwächst, geradeaus und zwischen Büschen und Bäumen weiter, bis das Gelände wieder offener wird und ein jetzt gut zu gehender Pfad reizend ins Altmühltal hinabführt.

Auf dem Radweg links nach **Eßlingen** ❺. Über die Altmühl (Ww. »Altmühltal-Panoramaweg«) und die Straße in den Ort. Am Ortsausgang, direkt vor dem Ortsschild, links in einen Feldweg (Ww. »Altmühltal-Panoramaweg«) und den Ww. folgend durch Trockenrasen hinauf zu den Felsen der **Zwölf Apostel** ❻, einem der bekanntesten Motive im Naturpark Altmühltal.

Von hier schlängelt sich der Pfad am Rand der Felsgruppe über Trockenrasen, durch Hecken und Kieferngruppen mit herrlichen Ausblicken bis nach **Solnhofen** ❶. Auf dem Hochholzer Weg durch ein Wohngebiet hinab. Über die Straße und durch das ruhige Sträßchen Am Gsteig gehen wir nun ins Ortszentrum und am Ende über eine Brücke zurück in die Bahnhofstraße zum Ausgangspunkt am **Bahnhof** ❶.

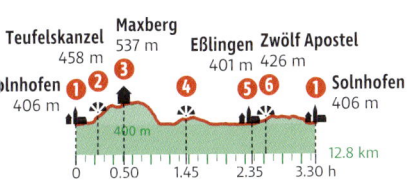

TOP 20 Der Oberlandsteig bei Konstein

↗ 280 m | ↘ 280 m | 8.9 km
3.30 h

Leichter Klettersteig über dem Wellheimer Trockental

Von den vielen Felsen im Altmühltal sind die Wände und Türme zwischen Aicha und Konstein für Kletterer besonders lohnend. Direkt über Konstein bietet der 50 m hohe Dohlenfels Routen bis zum X. Schwierigkeitsgrad. Weitere Spielplätze für Kletterer sind die Konsteiner Wand sowie die Felsen bei Aicha. Auf der roten Variante des Oberlandsteigs bewegt man sich zwar nicht gleich in der Senkrechten, etwas Trittsicherheit und Schwindelfreiheit verlangt der abwechslungsreiche Felsensteig aber schon. Und die blaue Variante zeigt, wie ausgesetzt Klettersteige in den Mittelgebirgen sein können.

Ausgangspunkt: Wanderparkplatz in Konstein, 408 m, unterhalb des Dohlenfelsens. Navi: 91809 Wellheim, Aichaer Str. 14. Bushaltestelle: Konstein, Gh. Dohlenfelsen (Kr. Eichstätt).
Markierungen: Roter und blauer Punkt auf weißem Grund: Rot markiert den Normalweg für trittsichere Bergwanderer (Felsensteig), Blau leitet in Abstechern über die Felsen (Klettersteig). Während sich die roten Mark. ganz durchziehen, tauchen die blauen in der Regel nur auf den jeweiligen kurzen Abstechern auf, von denen man stets wieder auf den Hauptweg zurückkommt. Anfangs auch Mark. Nr. 4, von Aicha zum Galgenberg Mark. »Wallfahrerweg«, am Schluss wieder Mark. Nr. 4.
Anforderungen: Trittsichere Bergwanderer sollten den Normalweg ohne Probleme bewältigen können, an prekären Stellen sind Sicherungen angebracht. Die blauen Varianten erfordern etwas Klettterkönnen und sind teilw. gesichert, Trittsicherheit und Schwindelfreiheit erforderlich – auch Klettersteigausrüstung ist empfehlenswert! Vorsicht bei Nässe!
Einkehr: Ghs. Klettergarten in Aicha; Ghs. in Konstein.

Vom **Wanderparkplatz** ❶ in **Konstein** zunächst ein Stück in Richtung Ortschaft und das erste kleine Sträßchen rechts hinauf, wo nach wenigen Metern bei einer Tafel der Oberlandsteig beginnt. Zwischen Gärten führt ein Wiesenweg zu den Trockenrasenhängen, wo der Pfad schnell schmal und steinig wird und teils über kurze Felsstufen führt. Schwindelfreie sollten in jedem Fall den Abstecher auf die Spitze des **Dohlenfelsens** ❷ unternehmen. Gleich danach teilt sich der Weg das erste Mal. Die schwierigere Variante verläuft meist oberhalb des leichteren Wegs und ist an mehreren Stellen mit Drahtseilen und Trittstiften gesichert.

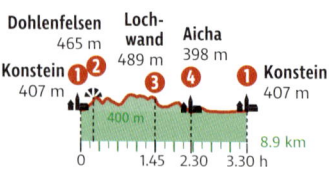

Auf dem Pfad entweder über, unter oder durch die vereinzelt über den Hang verstreuten Felsgruppen zum Kletterfelsen der Weißen Wand. Schwindelfreie können leicht zum kreuzgeschmückten Gipfel klettern und den Tiefblick auf Aicha genießen. Wenige Meter weiter teilen sich die Wege

wieder. »Rot« führt rechts über eine steilere Stufe hinunter und dann schräg links an den Fuß einer markanten Felswand. Dort nicht der Mark. (rot-weißer Strich) abwärts folgen, sondern links auf Trittspuren zum Wandfuß und dort entlang (teilw. verblasste Mark. mit rotem Punkt) zu einer Verflachung im Wald, wo die Wege wieder zusammentreffen. Ab hier ist die rote Mark. wieder deutlich zu sehen; bei der nächsten Weggabelung verläuft sie oberhalb der blauen. Weiter geht es zum Felsriff der **Lochwand** ❸, wo wir den Oberlandsteig verlassen (die blaue Variante bietet noch eine kurze, spannende Klettersteigeinlage) und rechts über Stufen hinuntersteigen zur Straße nach Aicha. Kurz zuvor halb rechts und am Waldrand entlang Richtung Aicha (Nordic-Walking-Weg Nr. 3). Bei einer Wegkreuzung rechts und gleich wieder halb links auf dem rasch besser werdenden Steig.

Am Waldrand entlang, dann kurz bergauf und schließlich hinunter nach **Aicha** ❹ (Mark. Wallfahrerweg). Der Mark. folgend durch den kleinen Ort und gegenüber in den Wald zu einer Wegkreuzung. Dort links (Ww. Wellheim), östlich um den Galgenberg herum auf die Südseite und auf einen Feldweg. Bei der ersten Möglichkeit rechts, dann wieder rechts und nach knapp 50 m links zu einer auffallenden Allee – kurzer Abstecher zur nahen Schutterquelle möglich – und ihr entlang (Mark. Nr. 4) nach **Konstein** zum Ausgangspunkt am **Wanderparkplatz** ❶.

Die breite Wand des Dohlenfelsens ist ein kleines Kletterparadies.

↗ 300 m | ↘ 300 m | 12.0 km

21 Von Wellheim nach Hard

3.15 h 🚌 ✕

Zu beiden Seiten des Wellheimer Trockentals

Man kann es sich nur vorstellen, wie einst die Donau durch die Talenge von Wellheim gerauscht ist und anschließend die Schleife bei Aicha genommen hat. Ganz trocken ist das Wellheimer Trockental immer noch nicht, denn es wird von der Schutter durchflossen, die wir auf unserer Wanderung ein kurzes Stück begleiten.

Ausgangspunkt: Parkplatz beim ehemaligen Bahnhof, 397 m, gleich neben dem Supermarkt. Navi: 91809 Wellheim. Bushaltestelle: Wellheim, Schutterstraße.
Markierungen: Nr. 3 bis Hard, danach Nordic-Walking-Route Nr. 5 und 6 ins Wellheimer Trockental, Nr. 5 auf dem Kreuzelberg. Im Wellheimer Trockental keine Markierungen.
Anforderungen: Abwechslungsreiche Wanderung mit zwei längeren Anstiegen und ansonsten vielen flachen Passagen.
Einkehr: Ghs. in Wellheim; Landghs. Zur Jurahöhe in Hard.
Sehenswertes: Panorama vom Kreuzelberg; Kreuzelbergkapelle mit Kreuzweg; Burgruine; Urdonautal-Museum, geöffnet April–Oktober, Mo, Di, Fr 15.30–18 Uhr, Sa 10–12 Uhr.
Tipp: Lohnender Anstieg zur Burgruine, von der man einen traumhaften Blick über Wellheim genießt.

Vom **Parkplatz** ❶ in **Wellheim** ❶ folgen wir der Straße über die Schutter. Gegenüber in einen bergauf führenden Fußweg (Mark. Nr. 3, »Wanderweg Alter Schulweg Hard-Wellheim«) und der Mark. folgend rechts an den Ortsrand. Durch Wald auf schönem Weg bergauf. Die Mark. leiten über den Rücken des **Mühlbergs**. Beim Abwasserrückhaltebecken über die Straße und gegenüber in einen Feldweg (Nr. 3). Bei einer Schranke gehen wir geradeaus weiter, dann rechts (Mark. Nr. 3) nach **Hard** ❷. Wir halten uns rechts und biegen nach dem Landgasthof Zur Jurahöhe links in die Straße »Zum Erlengrund« (Mark. Nr. 3). Auf ihr zum Ortsrand, dort den Ww. der Nordic-

Blick von der Burgruine auf Wellheim und die Kreuzelbergkapelle.

Walking-Routen 5 und 6 ins **Wellheimer Trockental** folgen. Durch den sonnigen Talboden bis zu einem **Wegkreuz** ❸ mit Bank, wo wir links abbiegen und auf einer Brücke die Schutter überqueren. Auf dem Weg weiter und bei der ersten Möglichkeit links zur Straße, der wir rechts 300 m bis zur Tafel »Naturpark Altmühltal« folgen. Dort links auf einen Feldweg, der an einer großen Scheune vorbei in ein immer schmaleres Tal hinaufführt, in dem am oberen Rand einer Wiese nach rechts ein kleiner Pfad (leicht zu übersehen) abzweigt. Er führt über eine Brücke und Stufen zum gegenüberliegenden Hang. Auf dem dort verlaufenden Forstweg links (Ww. »Kreuzelberg«) und gleichmäßig ansteigend auf die Hochfläche. Dort rechts (Mark. Nr. 5) zum **Kreuzelberg** ❹ mit traumhaftem Blick zur Burgruine und ins Trockental. Kurz zurück, dann der Mark. Nr. 5 folgend nach rechts (Ww. »Wellheim«). Erst über Stufen abwärts, dann flach zur Kreuzelbergkapelle. Auf dem Kreuzweg mit 14 Stationen bergab zum Friedhof und zurück nach **Wellheim** und zum **Parkplatz** ❶ am ehemaligen Bahnhof.

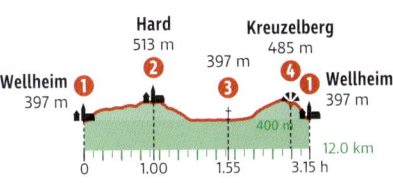

↗ 270 m | ↘ 270 m | 11.8 km

22 Traumhafte Pfade bei Dollnstein

3.30 h

Jägersteig und fotogene Trockenrasenhänge

Wie ein Dschungel bedeckt ein dichter Buchenwald die Hänge über dem Rieder Tal. Seit dem Jahr 1978 wurde im Naturwaldreservat Beixenhart die Holznutzung eingestellt. Die Folge: Unter dem grünen Blätterdach versteckt sich eine Menge Totholz. In bewirtschafteten Wäldern sind es pro Hektar rund 15 Kubikmeter, im Naturwaldreservat dagegen zwischen 65 und 177. Wie das im Detail ausschaut, sieht man am besten auf der großartigen Wanderung über den Jägersteig, der überaus spannend durch die Hänge führt und Trittsicherheit erfordert. Und ein Gespür für den Weg, denn es kann durchaus vorkommen, dass die Wegführung unter dem Laub nicht immer klar erkennbar ist oder gar Totholz im Weg liegt – Natur pur.

Aussicht vom Jägersteig ins Urdonautal.

Ausgangspunkt: Parkplatz an der St 2047 zwischen Dollnstein und Konstein, etwas nördlich vom Groppenhof beim Groppenhofer Weiher, 400 m. Navi: N48.855056, E11.078667. Alternativ Start beim Bahnhof Dollnstein.
Markierungen: Der Jägersteig ist ausgeschildert und mit einem rot-weißen-Strich markiert, Rückweg auf dem Urdonautalsteig, dessen Markierung uns bis nach Dollnstein begleitet, auf dem Rückweg Mark. Nr. 7 bis zur Sitzgruppe.
Anforderungen: Am Jägersteig erfordern schmale Steige und kurze felsige Abschnitte Trittsicherheit, teilweise Sicherungen mit Drahtseil. Problemlos ist dagegen die zweite Hälfte der Tour.
Einkehr: Ghs. in Dollnstein.
Sehenswertes: Im Wald versteckte Felsen und traumhafte Trockenrasenhänge.
Variante: Je nach Können und Wetter Aufteilung der Tour in zwei eigenständige Runden: Der Jägersteig ist eine anspruchsvolle Runde, ideal auch an heißen Tagen, da der Großteil der Strecke im Wald verläuft. Die Runde über die Trockenrasenhänge ist dagegen einfach und überwiegend sonnig.

Vom **Parkplatz** am **Groppenhofer Weiher** ❶ mit angrenzendem Spielplatz geht es mit dem Ww. »Jägersteig« über die Staatsstraße 2047 und zum Waldrand. Dort dem Ww. folgend auf breitem Weg nach links zu einer Schautafel. Der hier abzweigende **Jägersteig** ❷ quert im Auf und Ab die Hänge über dem Rieder Tal, passiert faszinierende Felsformationen, führt hier und da spannend zwischen den Felsen hindurch und schließlich hinunter ins Rieder Tal. Links haltend mit immer wieder schönem Blick über den Talboden geht es auf dem **Urdonautalsteig** ❸ zurück zur Schautafel und zum **Parkplatz** ❶.
Für die zweite Runde folgen wir dem Feldweg am Weiher vorbei zu einem Jägersitz und gehen durch die Wiese noch ein paar Meter weiter bis unter eine Geländestufe. Hier links zu einem Tisch mit zwei Bänken und einem breiten Wanderweg. Auf diesem nach rechts in ein Tälchen. Links und gleich wieder links auf Steigspuren zu den bereits sichtbaren Trockenrasenhängen. Auf einem Steig, der bei der Bayern3-Aktion »Wir sind Helden« vor ein paar Jahren von Jugendlichen angelegt wurde, in Serpentinen auf die Hochfläche. Der schöne Steig führt teils aussichtsreich über die Wiesen zu den ersten Häusern von **Dollnstein** ❹ und hinunter in die Straße »Am Gänsbuck«. Links bis zur Kehre und dort geradeaus auf einen Weg, der zwischen Garagen auf die Felder führt. Am unteren Rand der Trockenrasenhänge entlang zu der bereits bekannten Sitzgruppe und rechts (Ww. »Weiher«) zurück zum **Parkplatz** ❶ beim **Groppenhofer Weiher**.

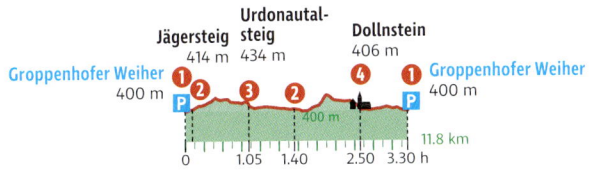

↗ 390 m | ↘ 390 m | 14.7 km

23 Von Dollnstein nach Schönfeld

4.00 h

Eindrucksvolle Felstürme und Ausblicke über der Altmühl

Die Marktgemeinde Dollnstein am ehemaligen Zusammenfluss der Urdonau mit der Altmühl ist ein beschaulicher Platz mit malerischer Umgebung. Auf der Sonnenseite steht das 45 m hohe Felsriff des Burgsteinfelsens, das 2002 vom Geologischen Landesamt Bayern in die Liste der 100 schönsten Geotope Bayerns eingereiht wurde. Der Felsen ist ein beliebtes Fotomotiv und ein Spielplatz für Kletterer mit Routen bis zum VIII. Schwierigkeitsgrad.

Ausgangspunkt: Parkplatz beim Sportplatz, 395 m. Navi: 91795 Dollnstein, Burgsteinweg. Alternativ Start beim Bahnhof Dollnstein und von dort über die Altmühl in den Burgsteinweg.
Markierungen: Nr. 12 und Altmühltal-Panoramaweg bis zum Marterl beim Burgstein, danach Nr. 0 bis Dollnstein, über Schönfeld Nr. 15 und schließlich Altmühltal-Panoramaweg.
Anforderungen: Aussichtsreiche Wanderung mit mehreren Anstiegen und langen Flachpassagen, überwiegend flache, gut zu gehende Wege.
Einkehr: Unterwegs keine; Ghs. in Dollnstein.
Sehenswertes: Burgsteinfelsen; Kreuzweg zum Kalvarienberg.

Vom **Parkplatz** ❶ geht es ans Ortsende von **Dollnstein**. Richtung Burgsteinfelsen zweigt links ein schöner Wiesenweg ab (Mark. Nr. 12), der kurz ansteigt, dann überwiegend flach und aussichtsreich über dem Talboden verläuft und beim **Marterl** ❷ im Sattel nördlich des **Burgsteins** seinen höchsten Punkt erreicht. Links auf schönem Steig (Mark. Nr. 0) durch den Wald auf die Hochfläche und etwa entlang der Hangkante den teilweise spärlichen Mark. folgend zu einer Wiese mit Holzpfosten und Mark. Der Nr. 0 folgend über den Wiesenrücken zu einem Aussichtspunkt und ins Tal hinab. Links (Mark.) kurz weiter und bei der ersten Möglichkeit rechts (kurz weglos) auf einen Wiesenweg, der hinunter zu Pferdekoppeln und zum Friedhof führt. Vor diesem rechts über einen großen Parkplatz zum bereits sichtbaren **Trafohaus** ❸ und auf den links davon vorbeiführenden Teerweg. An dessen Ende folgen wir dem Feldweg nach links, der bei einem Jägerstand endet. Geradeaus weiter über die Wiese, bis nach gut 100 m eine Mark. links in den Wald weist. Wunderschön hinab in ein Tälchen, das wir bei einem ehemaligen Steinbruch erreichen; 100 m links und gleich wieder rechts auf eine Teerstraße nach **Schönfeld** ❹. Kurz vor der Hauptstraße links und am Ortsrand entlang mit freiem Blick über die Felder auf eine Straße (Mark.), die leicht fallend Richtung Kruspelberg führt. Wir folgen der Straße bis zu einem Hochspannungsmasten, dort links (Mark.) kurz weglos über den Rasen und auf einem größeren Weg zur Hangkante.

Unter dem markanten Burgsteinfelsen führt der Altmühltal-Radweg vorbei.

Der Mark. »Altmühltal-Panoramaweg« nach links folgend über Trockenrasen («Leite»), am Waldrand entlang zu einem Holzstadl und hinab nach **Hagenacker** ❺. Vor dem Bahnübergang links in einen Wiesenweg (Mark.), leicht bergauf und kurz nach seinem höchsten Punkt links auf einen schmalen Pfad (Mark.), der traumhaft durch die Hänge führt und kurz vor **Dollnstein** eine Wiese erreicht. Über sie zu einem einzelnen Baum und hinunter zum **Trafohaus** ❸. Rechts und wieder links in den Burgsteinweg, auf dem wir kurz darauf den **Parkplatz** ❶ erreichen.

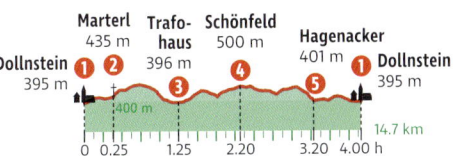

↗ 200 m | ↘ 200 m | 11.7 km

24 Naturlehrpfad Obereichstätt

3.00 h

Fossilien, Steinbrüche und weite Aussichten

Obereichstätt liegt zwar geografisch näher bei Eichstätt, doch der kleine Ort am Fuß eines ausgeprägten Trockenrasenhangs wurde 1978 nach Dollnstein eingemeindet. Die Entwicklung des 1137 zum ersten Mal urkundlich erwähnten Orts hängt eng zusammen mit dem einstigen Hüttenwerk, dem größten Industriebetrieb der Eichstätter Fürstbischöfe. Ab 1411 wurden hier die auf der Jurahochfläche gefundenen Bohnerze verhüttet, bis die Konkurrenz zu stark wurde und man den Betrieb 1932 schließlich stilllegte.

Ausgangspunkt: Parkmöglichkeit unterhalb vom ehemaligen Ghs. Zur Hüttenschänke, 400 m. Navi: 91795 Dollnstein, Allee. Bushaltestelle: Obereichstätt, Ort.
Markierungen: Naturlehrpfad Obereichstätt (Silberdistel), teilw. Fossilienpfad und Altmühltal-Panoramaweg, zuletzt Nr. 12.
Anforderungen: Einfache Wanderung auf guten Wegen, ein steiler Anstieg.

Einkehr: Keine Möglichkeit.
Sehenswertes: Der Naturlehrpfad Obereichstätt mit vielen Schautafeln; Fossiliensteinbruch Blumenberg, April bis Oktober Di–So 10–16 Uhr (s. S. 23); Museum Bergér im Harthof, mit Versteinerungen von Pflanzen und Tieren sowie Lithografie-Ausstellung, Tel. 08421 905590, www.museum-berger.de.

Von der Übersichtstafel in **Obereichstätt** ❶ dem Ww. »Naturlehrpfad Obereichstätt« folgen und nach 200 m rechts in den Stadtweg. Auf dem steilen Weg zur Schautafel 4. Hier zweigt bei einer Sitzgruppe ein Steig ab

Die längste Sitzbank des Altmühltals findet man bei Obereichstätt.

(Mark. Naturlehrpfad, Fossilienpfad), der wunderschön über Trockenrasen auf die Hochfläche führt. Dort trifft man auf den Altmühltal-Panoramaweg, der rechts entlang von Pferdekoppeln zu einer Straße führt. Hier lohnt sich ein Abstecher, der geradeaus zum Fossiliensteinbruch des Museum Bergér führt. Ansonsten gleich links, an einem Golf-Übungsgelände vorbei, zum **Harthof** ❷ mit dem **Museum Bergér**. Durch den Torbogen in den Innenhof mit der Fossilienausstellung. Mit den Mark. des Fossilienpfads weiter zum Parkplatz und durch eine Pferdekoppel an den Rand der Hochfläche, die man bei der Tafel 5 erreicht (leider ist der Text nicht mehr zu lesen). Ein paar Meter entfernt sieht man links die Stelle, bei der man beim Aufstieg auf den Altmühltal-Panoramaweg gestoßen ist. Rechts haltend an einem Kiefernwäldchen vorbei zu einer kleinen **Kapelle** ❸ und auf einen Feldweg, dem wir bis zur Tafel 6 folgen. Kurz vor Erreichen der Teerstraße links in eine Wiese (Ww.) und entlang des Waldrands zu einem freistehenden Hof. Dahinter links und gleich wieder rechts Richtung Sportplatz, an diesem links vorbei und geradeaus in den Wiesenweg zur Tafel 8. Von dort führt ein lohnender Abstecher südwestlich zu einer Bank und weiter zu einer aussichtsreichen Felskanzel, den **Dammerfelsen.**

Ansonsten gehen wir gleich rechts über die Wiese zu den Häusern von **Schernfeld** ❹. Die Teerstraße hinunter ins Altmühltal verlassen wir kurz vor Erreichen des Talbodens links und folgen einem Weg (mehrere Mark.), der etwas oberhalb vom Altmühltal Richtung Obereichstätt führt. Kurz danach mit der Mark. »Altmühltal-Panoramaweg« schräg links auf einen durch die Trockenrasenhänge führenden Steig.

Oberhalb der Häuser von Obereichstätt vorbei und auf einer Straße steil hinunter in den Ort. Dort leiten die Ww. »Naturlehrpfad« wieder zurück zum Ausgangspunkt in **Obereichstätt** ❶.

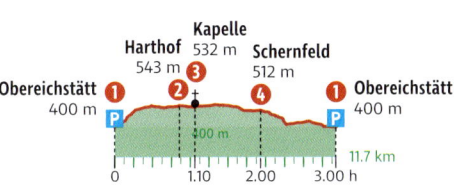

TOP 25

Panoramawege über Eichstätt

↗ 300 m | ↘ 300 m | 13.3 km
3.30 h
🚌 ✕ 👥

Höhepunkte der Bischofsstadt

Mitten in Bayern und doch so südlich – die Residenzstadt Eichstätt wirkt mit ihren Prachtbauten fast italienisch, was keinen verwundert, schließlich kamen von dort die Baumeister. Besucher entdecken bei einem Bummel durch die Universitätsstadt, seit 1980 Sitz der einzigen katholischen Universität im deutschsprachigen Raum, barocke Fassaden, verspieltes Rokoko, Palazzi und Kavaliershäuser, großartige Plätze, prächtige Kirchen und Klöster – und, auf dem Hügel über der Stadt thronend, die Willibaldsburg.

Ausgangspunkt: Parkplatz Volksfestplatz, 387 m. Navi: 85072 Eichstätt, Schottenau. Alternativ Start beim Bahnhof Eichstätt Stadt.
Markierungen: Bis auf das Schlussstück weitgehend Nr. 7, nördl. von Eichstätt auch Altmühltal-Panoramaweg.
Anforderungen: Zwei steilere Anstiege (gleich zu Beginn und bei der Willibaldsburg) und Abstiege (Hotel Schönblick und Cobenzl-Höhle), sonst bequeme Wege.
Einkehr: Restaurant-Café Schönblick; Ghs. auf der Willibaldsburg; Ghs. in Eichstätt.
Tipps: Für die Besichtigung der sehenswerten Altstadt von Eichstätt auf jeden Fall Zeit einplanen! Jura-Museum auf der Willibaldsburg, April–Sept. tägl. 9–18 Uhr, Okt.–März 10–16 Uhr, Mo geschlossen, www.jura-museum.de.

Vom **Volksfestplatz** ❶ in **Eichstätt** zur Altmühl und an dieser entlang flussaufwärts. Vorbei an der Aumühle mit der ersten Brücke über die Altmühl weiter, bis nach 360 m ein Weg kreuzt. Rechts durch eine von Mauern gesäumte Gasse (Wiesengäßchen) zu einer Straße und schräg gegenüber zum Informationszentrum Naturpark Altmühltal (Ww.). Mit der Mark. weiter in einen schmalen, steilen Teerweg (»Neuer Weg«). Auf diesem steil hinauf und bei den letzten Häusern links (Mark. Nr. 7) auf einen schönen Wanderweg. Er führt zuerst in Serpentinen, dann meist flach oberhalb des Tals entlang und bietet schöne Ausblicke auf die Willibaldsburg und die Residenzstadt. Hier und da verzweigt sich der Weg, wir folgen stets den Mark. (Nr. 7, Altmühltal-Panoramaweg). Nach einem Abstecher zum Aussichtspunkt **Hohes Kreuz** ❷ geht es bergab: Vorbei am Hotel Schönblick, dann über Stufen zu einem Parkplatz an der B 13 und gegenüber auf einem kleinen Pfad (Mark.) steil hinab in ein Wohngebiet.

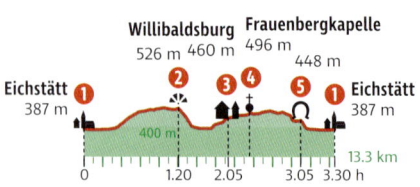

Hier schräg rechts in die Straße »Zum Tiefen Tal« (ab hier ohne Mark.), auf der wir kurz vor dem Ortsteil Marienstein auf die Hauptstraße erreichen. An dieser auf einem Fußweg gut 100 m nach rechts, dann links über eine

Der zweite große Anstieg der Tour führt von der Altmühl hinauf zur Willibaldsburg.

Brücke und weiter auf dem Radweg entlang der Altmühl, mit Traumblick auf die Willibaldsburg. Bevor der Weg die Straßenbrücke unterquert, geht es geradeaus zu den Bahngleisen und schräg gegenüber in die Gundekarstraße, wo nach wenigen Metern ein Fußweg zur Willibaldsburg beginnt (Mark. Nr. 7). Auf diesem kurz bergauf, dann links haltend auf dem Fossilienpfad (alternativ folgt man der Mark. Nr. 7, die westlich um die Willibaldsburg herumführt) flach durch eine schöne Allee und schließlich rechts über Stufen (Mark. Main-Donau-Weg) hinauf zur Zufahrtsstraße zur Burg. Nach einem kurzen Abstecher in die **Willibaldsburg** ❸ geht es mit dem Wegweiser »Frauenberg Kapelle« auf die Hochfläche. Über das Plateau (hier wieder mit der Mark. Nr. 7) aussichtsreich auf einen kleinen Hügel mit der **Frauenbergkapelle** ❹. An dem viel besuchten Wallfahrtsort vorbei und entlang eines mit Bäumen gesäumten Kreuzwegs zur Station Nr. 4. Über die Straße und der Mark. Nr. 7 folgend erst über die Hochfläche, dann Richtung Rosental und links haltend im leichten Auf und Ab durch die Hänge bis zur sagenumwobenen **Cobenzl-Höhle** ❺ (auch Cobenzl-Loch).

Wer zum Stadtbahnhof muss, der folgt weiter der Mark. Nr. 7. Ansonsten geht es in Serpentinen hinab nach **Eichstätt** zur Ingolstädter Straße. Gegenüber links haltend zu einer Fußgängerbrücke über die Altmühl. Nach wenigen Metern erreicht man die vom Hinweg bekannte Wegkreuzung am Wiesengäßchen und geht rechts haltend zurück zum **Volksfestplatz** ❶.

26 Höhepunkte östlich von Eichstätt

↗ 250 m | ↘ 250 m | 13.1 km
3.30 h

Ein Römerkastell, Trockenrasenhänge und ein Figurenfeld

Vielleicht verlief der Limes früher bei Pfünz; sicher ist aber, dass sich hier die Straßen zum Kastell Weißenburg und Kastell Böhming kreuzten. Das Kastell Pfünz nahm demnach eher die Rolle eines rückwärtigen Kohortenkastells am Limes ein, wobei man von hier aus den Übergang über die Altmühl bestens überwachen konnte. Zwar nicht detailgetreu, aber doch recht hübsch anzuschauen ist der Nachbau des einstigen Nordtores samt nordwestlichem Eckturm und dazwischenliegender Wehrmauer. Heute genießen Wanderer von hier einen schönen Blick über das Altmühltal, ehe sie die Talseite wechseln und dort über die für die Region typischen Trockenrasenhänge spazieren – und zum Finale in einem versteckten Wiesenboden auf ein Figurenfeld des Künstlers Alois Wünsche-Mitterecker stoßen.

Ausgangspunkt: Parkplatz an der Straße zwischen Landershofen und Eichstätt, 400 m. Navi: 85072 Eichstätt, Stadtweg 6. Alternativ Start bei der Bushaltestelle Pfünz.
Markierungen: Jakobsweg bis Pfünz, Römerbrücke bis kurz vor Häringhof Altmühltal-Panoramaweg, durchs Hessental mit der Nr. 14.
Anforderungen: Einfache Rundwanderung mit schönem Wechsel zwischen breiten Feldwegen und schmalen Pfaden.
Einkehr: Keine Möglichkeit.
Sehenswertes: Römerkastell in Pfünz; Figurenfeld im Hessental.

Vom **Parkplatz** ❶ unterhalb des Figurenfelds über die Straße und gegenüber auf Feldwegen immer geradeaus Richtung südliche Talseite. Kurz vor der Altmühl auf einem quer verlaufenden Feldweg nach links. Gleich nach einem Bolzplatz auf der von Landershofen kommenden Straße mit der Mark. des Jakobswegs nach rechts, über die Altmühl und bei den Häusern von **Pietenfeld** ❷ kurz bergauf zu einem Wander- und Radweg, dem wir nach links folgen (Mark.). Nach knapp 300 m zweigt der Jakobsweg bei drei Informationstafeln halbrechts ab und führt parallel, allerdings etwas oberhalb des Radwegs, im leichten Auf und Ab durch die Hänge – und mündet kurz

Interessante Fotomotive im Figurenfeld.

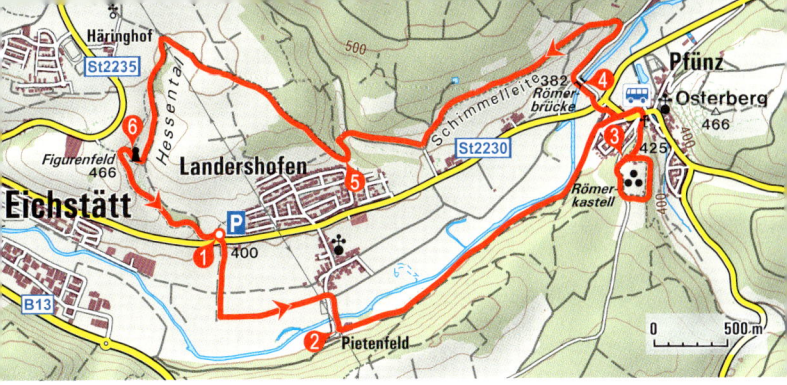

vor **Pfünz** wieder in den Radweg. Auf diesem in den Ort und an der großen Linde rechts vorbei. Kurz nach der Römersäule rechts in den Römersteig. Erst auf der Straße, dann halblinks auf dem Fußweg hinauf zum **Römerkastell** ❸, das wir im Uhrzeigersinn umrunden. Zurück bei der Römersäule folgen wir der Eichstätter Straße bis kurz vor die Staatsstraße mit dem Meilenstein Limes. Links vorbei zu einer Unterführung und weiter zur sogenannten **Römerbrücke** ❹ über die **Altmühl**. Gleich danach weist ein Ww. direkt hinauf zum Altmühltal-Panoramaweg.

Schöner ist jedoch ein Abstecher nach rechts. Nach knapp 500 m zweigt von der Straße links ein Steig ab (Lebens-Weg), der kurz steil bergauf führt und dann links haltend die Trockenrasenhänge erreicht. An Holzlagerstätten vorbei zu einer Straße, links und nach wenigen Metern wieder rechts auf den Altmühltal-Panoramaweg. Der Steig quert wunderschön die Hänge und führt schließlich in ein Tälchen. Dort rechts (Mark.) in den Herrengrund und nach gut 500 m (Mark.) links. Der Steig führt an den obersten Häusern von **Landershofen** ❺ vorbei auf die Hochfläche und über diese bis kurz vor Häringhof. Direkt unter einer Stromleitung verlassen wir den Panoramaweg und folgen der Mark. 14 links ins **Hessental**. Mit dem Ww. »Figurenfeld 120 m« zweigen wir bei einer Steintreppe rechts ab und gehen hinauf zu den überlebensgroßen Plastiken des **Figurenfelds** ❻. Weiter auf die Hochfläche und links haltend immer am Rand des Rückens und der Trockenrasen aussichtsreich zurück zum **Parkplatz** ❶.

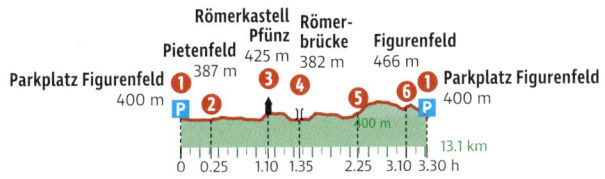

27 Von Arnsberg nach Gungolding

↗ 270 m | ↘ 270 m | 9.7 km
2.30 h

Genussreiche Pfade zur Gungoldinger Wacholderheide

Wacholderheiden gibt es auf der Sonnenseite des Altmühltals häufig, doch keine von ihnen ist so großartig wie die Gungoldinger Wacholderheide. Das Gebiet umfasst rund 70 Hektar, es steht unter Naturschutz und bietet viele lauschige Ecken. Mehrere kleine Pfade und Steige durchziehen die Wiesenhänge und erlauben so zahlreiche Varianten.

Ausgangspunkt: Parkplatz am Arnsberger Sportplatz, 375 m. Navi: 85110 Kipfenberg, Altmühlring. Bushaltestelle: Arnsberg Schule, Kipfenberg.
Markierungen: Über die Gungoldinger Wacholderheide bis zur Pfarrkirche Mark. »Altmühltal Panoramaweg«, zurück nach Arnsberg folgt man dem Rad-Wanderweg. Weiter mit der Nr. 2 zum Schloss.
Anforderungen: Auf dem ersten Teil schmale, aber gut begehbare Wiesenpfade; im zweiten Teil steiler Aufstieg zum Schloss, oben breite Forstwege und ein schöner Abstieg auf gutem Steig.
Einkehr: Ghs. in Arnsberg; Ghs. Zum Alten Wirt in Gungolding.
Sehenswertes: Gungoldinger Wacholderheide; Pfarrkirche Mariä Himmelfahrt in Gungolding; alter Dorfkern von Arnsberg; Schloss Arnsberg.

Am Parkplatz beim **Sportplatz** ❶ von **Arnsberg** geht es links neben der Sportgaststätte in eine kleine geteerte Auffahrt, an der oben ein Feldweg nach links weiterführt (Mark. »Altmühltal Panoramaweg«). An einer Scheune vorbei (Mark. »Altmühltal Panoramaweg, Nr. 5, 8, 10) wandern wir am Waldrand aufwärts und biegen am Ende des Fahrwegs rechts in einen kleinen Pfad, der ein Stück durch den Wald führt und schließlich das Naturschutzgebiet **Gungoldinger Wacholderheide** ❷ erreicht. In etwa gleichbleibender Höhe folgen wir dem Pfad über die großartigen Trockenrasenhänge, genießen den Blick über das Tal, kreuzen eine Teerstraße und folgen den Mark., die schließlich durch ein Tälchen abwärts führen. Trittspuren leiten durch das Feld zum Parkplatz neben der **Pfarr-**

Ein beliebtes Fotomotiv: die Wachholderheide mit der Gungoldinger Pfarrkirche.

kirche Mariä Himmelfahrt ❸. Entlang der Straße in den Ort **Gungolding**, vor der Altmühl links in die Turmstraße und auf dem Radwanderweg nach **Arnsberg ❶**. Für den zweiten Teil der Wanderung überqueren wir die Altmühl, folgen dann dem Altmühltal-Panoramaweg (Mark. Nr. 2) schräg links zur Bundesstraße und gehen über Treppenstufen hinauf in die Torstraße. Rechts haltend durch den Ort und vor der Hausnummer 4, unterhalb der Kirche, links auf einen Weg (Mark. 2, 5), der durch den Wald bergauf zur Hochfläche und eine Wiese führt. Weiter zum bereits sichtbaren **Schloss Arnsberg ❹**, das auf einem 120 m hohen Felsen über dem Dorf thront. Die ehemalige Burg wurde 1548 von den Bischöfen von Eichstätt als Jagd- und Sommerschloss ausgebaut und beherbergt heute ein Hotel.

Vom Parkplatz aus lohnt sich ein Abstecher rechts am Schloss vorbei zu einem Aussichtsfelsen mit Traumblick über das Altmühltal. Zurück am Parkplatz gehen wir nach links (Mark. Nr. 2) und folgen dem Feldweg in den Wald. Gleich bei der ersten Weggabelung am Waldrand links haltend weiter zu einem Forstweg, der leicht abwärts zu einer Kreuzung mit Unterstandshäuschen führt. Wir folgen dem gleich nach der Hütte nach links leicht bergab führenden Waldweg und steigen durch lichten Kiefernwald hinab zu einem Marterl. Dort wählen wir den linken Pfad, der eben am Hang entlangläuft. Oberhalb der Kirche vorbei auf den bereits vom Anstieg bekannten Weg, rechts hinunter zur Straße, die wir bei einem Briefkasten queren, und gegenüber durch die Straße »Am Zehentstadel« (Mark. Nr. 2) zurück zum Ausgangspunkt am **Sportplatz ❶** von **Arnsberg**.

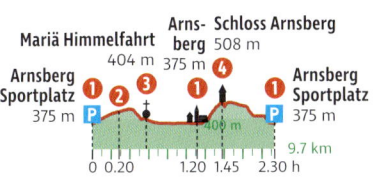

↗ 300 m | ↘ 300 m | 10.9 km

28 Rundtour im Schambachtal

3.15 h

Stille Wege in einem idyllischen Seitental der Altmühl

Natur pur, das ist der Eindruck, wenn man vom Altmühltal bei Arnsberg ins Schambachtal fährt. Am Rand des Tals stehen die wenigen Häuser und die Wallfahrtskirche Hl. Kreuz, im Talboden mäandriert die Schambach durch die Wiesen. An Wasser herrscht kein Mangel, das zeigen auch die ehemaligen Mühlen. Links und rechts des Tals, das wir bei der Wanderung umrunden, bedecken dichte Wälder die Hänge und verstärken den Eindruck einer durch und durch grünen Landschaft.

Ausgangspunkt: Parkplatz zwischen Lohmühle und Schambach, 390 m. Navi: 85110 Kipfenberg, Mühlenstr.
Markierungen: Auf den Steigen über dem Tal teilw. nur lückenhafte Mark. Am Römerweg gelbe, am Glockersteig grüne Striche und am Dachssteig rote Punkte an den Bäumen, teilw. Ww.
Anforderungen: Römerweg, Glocker-, Dachs- und der Rauchenbergersteig sind schmale Steige, die abwechslungs- und aussichtsreich durch die teils felsdurchsetzten Hänge über dem Tal führen.
Einkehr: Ghs. Zur Linde in Schambach.
Tipp: Am Oberlauf der Schambach, im Tal unterhalb der Aussichtskanzel ❷, gibt es eine Plattform zur Biberbeobachtung.

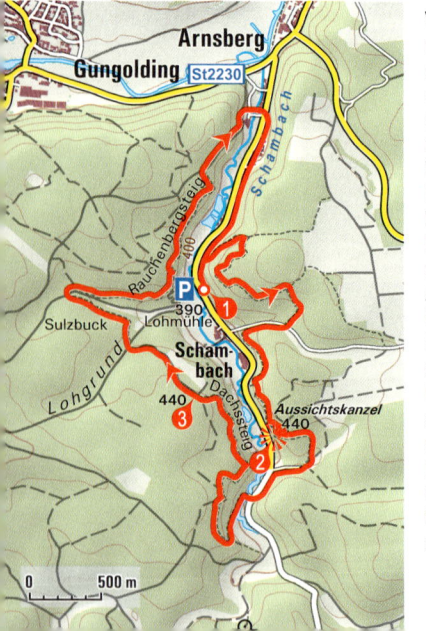

Vom **Parkplatz Lohmühle** ❶ auf dem Fußweg Richtung Norden, bis nach 250 m (gleich nach dem Ende des Zaunes zum Schutz vor Steinschlag) der Ww. »Römerweg« nach rechts weist. Durch den malerischen Wald mit zahlreichen versteckten Felsen bergauf zu einem kreuzenden Weg. Dort rechts und den gelben Mark. folgend auf die Hochfläche, wo ein kurzer Abstecher zu einem Aussichtspunkt über dem Schambachtal möglich ist. Die gelben Striche an den Bäumen führen zu einer Lichtung, hinter der es (genau beim Ww. »Römerweg«) rechts hinab in ein Tälchen geht (Mark. Nr. 5) und kurz darauf zu einer Teerstraße, die nach **Schambach** führt. Kurz vor dem Ortsschild folgen wir den Wegspuren links in den Wald (Ww. »Glockersteig«). Auf dem schönen

Reichlich Wasser macht das Schambachtal zur blau-grünen Oase.

Steig kurz bergauf, dann durch die Hänge im Auf und Ab zu einer felsigen **Aussichtskanzel** ❷ hoch über dem Tal mit Blick zur Biberbeobachtungsplattform. Mit der Mark. (grüner Strich auf Bäumen) weiter über die Hochfläche zu einer Wegkreuzung mit Ww. Rechts (Ww. »nach Schambach«) auf einem schlechten Weg hinunter in ein Wiesental, in dem wir rechts haltend auf eine Forststraße treffen und zur nahen Straße wandern. Links 200 m zum bereits sichtbaren Parkplatz. Gleich an dessen Beginn rechts, über eine Brücke auf einen schönen Steig und gemütlich taleinwärts. Bei einer Weggabelung rechts und auf leicht ansteigendem Steig, dem Dachssteig, zum Rand der Hochfläche und dem deutlichen Steig folgend talauswärts.

Sobald wir links einen **Forstweg** ❸ erkennen, verlassen wir den Steig und folgen der Straße, die am westlichen (linken) Rand der Wiese vorbei und schließlich in ein Tälchen hinabführt. Rechts und bei einer Bank mit Markierungstafeln gleich wieder links auf einem schmalen Pfad ins nächste Tälchen und zur dortigen Forststraße. Knapp 50 m nach rechts und dann halb links auf einen schmalen Steig, der erneut die Hänge über dem Schambachtal quert. Bei einem bergab führenden Forstweg verlassen wir den Rauchenbergsteig und folgen der Straße ins Schambachtal. Am Waldrand gleich rechts auf Trittspuren über eine Wiese, an der Forstermühle vorbei, und zu einem geteerten Weg, der geradeaus die Straße ins Schambachtal erreicht. Rechts auf dem Fußweg zurück zur **Lohmühle** und zum **Parkplatz** ❶.

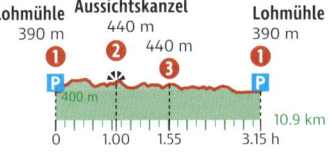

↗ 450 m | ↘ 450 m | 13.6 km

29 Aussichtswanderung über Kipfenberg

4.00 h

Vom Limes zum geografischen Mittelpunkt Bayerns

Die ältesten Spuren menschlicher Ansiedlungen rund um Kipfenberg gehen bis in die Steinzeit zurück, sind aber kaum noch zu sehen. Etwas deutlicher sind die Gräben und Wälle der einstigen Befestigung aus der Hallstattzeit. An die römische Besatzungszeit erinnert der Limes. Das heutige Wahrzeichen von Kipfenberg, die mächtige, auf einem Felsen thronende Burg, wurde im 11. und 12. Jahrhundert gebaut und ist bis heute in Privatbesitz.

Ausgangspunkt: Wanderparkplatz im Birktal an der Straße Richtung Denkendorf, 383 m. Navi: 85110 Kipfenberg, Bachgasse. Bushaltestelle: Kipfenberg, Kindinger Str.
Markierungen: Steige zum Michelsberg und zur Burg ausgeschildert, vom Michelsberg bis zur Holzhütte Mark. Nr. 2, weiter »Altmühltal-Panoramaweg« bis hinter Böhming, ab der Burg Mark. Nr. 3.
Anforderungen: Etwas Kondition ist für zwei steile Anstiege auf die Albhöhe sowie einen flacheren und kurzen Anstieg zum Wachturm am Limes nötig.
Einkehr: Ghs. in Kipfenberg; Ghs. Römercastell in Böhming.
Sehenswertes: Römer- und Bajuwarenmuseum Burg Kipfenberg mit Infopoint Limes, Juni u. Aug. tägl. 10–18 Uhr, Sept. u. Okt. tägl. 10–16 Uhr, Nov. bis März nur So/Fei 10–16 Uhr, April u. Mai Mo–Sa 10–16 Uhr, So/Fei 10–18 Uhr, Tel. 08465 905707, www.bajuwaren-kipfenberg.de.

Direkt neben der Infotafel am **Wanderparkplatz** ❶ in **Kipfenberg** folgen wir dem Ostanstieg zum **Michelsberg** (Ww.; auch St. Michaelsberg). Nach einigen Kehren sind wir auf der Hochfläche und kurz darauf, rechts haltend, bei dem vom Tal aus sichtbaren **Kreuz** ❷. Weiter auf dem Weg in südwestlicher Richtung, an einer Schautafel vorbei, geht es durch Mischwald zu einer Wiese, die wir geradeaus auf dem Feldweg überqueren. Dann rechts (großer Stein mit Ww. »Böhming«) und am Waldrand entlang, bis links ein Weg (Mark. Nr. 2) durch

den Wald zu einem Forstweg führt. Links zu einem hölzernen Unterstand, an diesem vorbei in einen Weg und kurz darauf rechts (Mark. »Altmühltal-Panoramaweg«) zu einem **Aussichtspunkt** ❸ mit Bank und traumhaftem Blick auf Arnsberg. Nun den Mark. folgend nach **Böhming** ❹ und geradeaus durch den Ort auf die andere Talseite zum Altmühltal-Radweg. Wir folgen ihm kurz Richtung Kipfenberg (Ww.) und biegen nach 300 m bei einem Marterl links ab (Mark. Nr. 2). Bei einer Wegkreuzung mit Bank kurz rechts (Mark. Nr. 2) und nach 30 m links auf einen kleinen Pfad, der nach kurzem Anstieg wunderschön die Hänge quert und schließlich auf einen breiten Kiesweg trifft. Hier empfiehlt sich der kurze Abstecher (300 m) nach links zu den Überresten des römischen **Limes** ❺ mit dem Nachbau eines hölzernen Wachturms. Auf dem Kiesweg hinunter nach **Kipfenberg** und entlang der Pfahl-

In Privatbesitz: Burg Kipfenberg.

dorfer Straße, die Altmühl überquerend, zur historischen Altstadt und in den Limesweg, der hinter dem Ghs. Zum Limes (derzeit geschlossen, Stand 2021) zur ev. Kirche führt. Auf dem gleich dahinter beginnenden Fußweg zur **Burg Kipfenberg** (Ww. »Römer- und Bajuwarenmuseum«). Dort entweder Abstecher auf dem Fußweg neben der Straße zum **Geografischen Mittelpunkt Bayerns** ❻ oder gleich weiter und direkt gegenüber dem Burgeingang auf einen Pfad (Mark. Nr. 3, »Kressensteig«), der zu schönen Aussichtspunkten über dem Birktal und zu einer Forststraße führt. Auf dieser rechts – kurz vor dem Ende einer leichten Steigung führt rechts ein Abstecher zur Stifterbank (Abzw. vor einem zwei Meter hohen Baumstumpf) –, bis nach einer Kuppe ein Pfad kreuzt, der rechts (Mark. Nr. 3) die Hänge über dem Birktal quert. Gegenüber den Tennisplätzen treffen wir auf die Straße, der wir 200 m Richtung **Kipfenberg** folgen. Vor einem Fachwerkhaus geht es links zum **Wanderparkplatz** ❶.

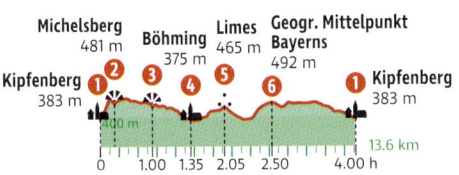

↗ 340 m | ↘ 340 m | 11.8 km

30 Kindinger Wanderziele

3.30 h

Trockenrasen, Ruinen und eine Wehrkirche

Kinding, am Zusammenfluss von Schwarzach und Altmühl, wurde dank der geschützten Lage bereits frühzeitig besiedelt. Bekannt ist der Ort inmitten der Mittelgebirgslandschaft des fränkischen Jura durch seinen aromatischen Hopfen und die Kirchenburg mit ihren eindrucksvollen Befestigungen aus dem späten Mittelalter. Die größte und schönste Wehrkirche des Bistums Eichstätt ist eine historische und architektonische Kostbarkeit. Hinter dem doppelten Bering – die äußere Wehrmauer ist nur an der Südseite erhalten – fanden die Bevölkerung und das Vieh einst Schutz.

Ausgangspunkt: Kinding, 379 m, Parkplatz kurz vor dem Bahnhof. Navi: 85125 Kinding, Ilblinger Str.
Markierungen: »Lehrpfad Schellenburg«, auf der Runde um die Rumberg bergauf die Mark. Nr. 18 und bergab die 19, von Kinding zum Bergkreuz blauer Punkt.
Anforderungen: Leichte Wanderung auf teils schönen Steigen, die aufgrund von drei Anstiegen allerdings etwas anstrengend ist.
Einkehr: Ghs. in Kinding und Enkering.
Sehenswertes: Spätmittelalterliche Wehrkirche Mariä Geburt in Kinding; Archäologischer Lehrpfad Schellenburg; Burgruine Rumburg.

Vom **Parkplatz** ❶ in **Kinding** auf der Zufahrtsstraße ein paar Meter zurück zum kreuzenden Radweg. Links und nach 20 m rechts ab (mehrere Ww., u. a. »Altmühltal Panoramaweg, Lehrpfad Schellenburg«). Ein kurzes Stück ist noch geteert, dann folgen wir dem Weg und den Ww. leicht steigend bis

Blick über die Ruine Rumburg auf Enkering.

auf einen sanften Wiesenrücken, den man unweit der Infotafel 1 erreicht. Wir halten uns rechts und gehen über den aussichtsreichen Rücken zum Kreuz mit schönem Blick ins Anlautertal auf die Hochfläche der **Schellenburg** ❷.

Auf dem Pfad an der Hangkante entlang und mit der Mark. »Lehrpfad Schellenburg« einmal um den Bergsporn, dessen Plateau sich gut 100 m über dem Tal erhebt. Eine ideale Lage: Die steil abfallenden Hänge waren ein natürlicher Schutz und wurden zusätzlich durch eine Randmauer umgeben. Auf der am leichtesten zugänglichen Stelle riegelte eine doppelte Abschnittsbefestigung – heute noch als Wälle erkennbar – die Siedlung von der südlich anschließenden Albhochfläche ab. Den Rücken gehen wir zurück zur Tafel 1 und zu einem Wegkreuz mit Ww. Dort rechts auf einem Weg bergab (Ww. »Lehrpfad Schellenburg«) zu einem Baum mit Ww., bei dem rechts ein schmaler Wiesenpfad abzweigt, der fast in gleichbleibender Höhe die Trockenrasen quert, bis links ein Weg hinunterführt nach **Enkering** ❸. Beim kleinen Maibaum vor dem Gasthaus Alter Wirt am Schellenberg gehen wir über die **Anlauter** und folgen rechts der Rumburgstraße zu einer kleinen Kapelle. Der Straße weiter folgen bis zum Friedhof und mit den Ww. »Burgruine Rumburg« in einen Waldweg. Auf diesem mit der Nr. 18 bergauf, an der Abzweigung zur Rumburg vorbei, bis man die Hochfläche erreicht und dort rechts auf einen Wiesenweg abzweigt. Dieser führt zwischen Wald und Felder an den nördlichsten Punkt des Plateaus und zu einem nach rechts abzweigenden Pfad, der nach wenigen Metern die

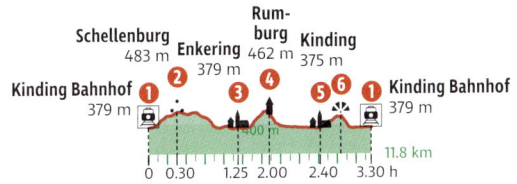

Von der Schellenburg genießt man einen schönen Blick ins Anlautertal.

Ruine Rumburg ❹ erreicht. Die 1361 erstmals urkundlich genannte Burg brannte um 1540 ab. Detaillierte Fakten zur Geschichte sind auf einer Tafel am Westzugang zur Burg zu lesen.

Von dort führt ein schmaler Pfad bergab und trifft nach einer Kehre auf einen kreuzenden Weg. Auf diesem mit der Nr. 19 hinunter zum Friedhof und zum Ortsschild von Enkering. Links haltend gelangen wir neben einer Teerstraße in das weite Tal, überqueren die neue Umgehungsstraße und kommen über Feldwege zur ICE-Trasse. Direkt neben der Anlauter unter den Gleisen und der Autobahn hindurch, dann rechts über eine Brücke und auf dem Radweg nach Kinding. Nach der Brücke über die Schwarzach rechts ab (Ww. »Radwanderweg Beilngries«) und den Ww. folgend zum Maibaum in der Ortsmitte von **Kinding** ❺. Beim Ghf. zum Krebs links und entlang des Baches zur Tafel »Wege am Wasser«. Geradeaus am ehemaligen Gasthof zur Alten Post vorbei zur Kindinger Quelle. Eine Treppe führt rechts der Karstquelle zu einem Sträßchen. Auf diesem rechts, dann links mit dem blauen Punkt in den Kapellenweg und hinauf zur Kapelle. Links der Kapelle führt ein Weg in den Wald, wir nehmen aber besser den zweiten, der etwas flacher bergauf führt (Ww. »Spazierweg Sommerleite«). Mit dem blauen Punkt weiter zu einem kreuzenden Steig. Auf diesem nach links und im leichten Auf und Ab wunderschön durch die Hänge bis zum **Bergkreuz** ❻, einem Aussichtspunkt mit Bank oberhalb von Kinding.

Vom Bergkreuz auf dem Weg rund 40 m zurück zu einer Wegkreuzung und auf dem Hopfensteig in Serpentinen hinunter zum Ortsrand von **Kinding** und zur Kirche. An dieser rechts vorbei und durch die Straße Am Mühlbach zurück zum Kreisverkehr, den wir Richtung Bahnhof verlassen. Unter der Autobahn durch und kurz danach links zum **Parkplatz** ❶.

↗ 290 m | ↘ 290 m | 10.7 km

2.45 h

Von Kinding nach Unteremmendorf — 31

Burgställe und die Kindinger Klause über der Altmühl

Vorgeschichtliche Bodendenkmäler in der Region findet man vor allem auf exponierten Felskanzeln oder Bergrücken über dem Altmühltal. Die Schellenburg südwestlich von Kinding ist ein Beispiel, die Felshöhlen südlich des Ortes sind ein weiteres. Funde von Keramik und Steinwerkzeugen deuten auf eine Nutzung des Platzes vor allem in der Jungsteinzeit, Bronzezeit und der Hallstattzeit hin. Unter den Felsdächern der Kindinger Klause fanden die Menschen Schutz, ihre Toten bestatteten sie oben auf der Albhochfläche in Hügelgräbern. Die Burgställe oberhalb von Unteremmendorf sind weitere Relikte der vergangenen Zeit, die bei dieser Rundtour berührt werden.

Ausgangspunkt: Parkplatz an der Straße nach Kipfenberg, südl. von Kinding bzw. der Altmühl gegenüber der sog. Römerbrücke, 372 m. Navi: 85125 Kinding. Vom Bahnhof Kinding gut 30 Min. Fußweg.
Markierungen: »Burgenweg Kinding«, ab Unteremmendorf zusätzlich Mark. »Altmühltal-Panoramaweg«.
Anforderungen: Schöne Wanderung für heiße Sommertage, überwiegend im schattigen Wald. Ein steiler Anstieg bei Unteremmendorf.
Einkehr: Ghs. in Kinding; Ghs. Zimmermann in Unteremmendorf.
Sehenswertes: Steinerne Brücke beim Parkplatz; Felsentor, Burgställe und Aussichtspunkte über Unteremmendorf; Höhlen bei Kinding.

Durch ein riesiges Felsentor geht es auf die Hochfläche.

Vom **Parkplatz** ❶ an der Staatsstraße 2230 bei **Kinding**, der sich gleich gegenüber der 1777 erbauten sogenannten **Römerbrücke** befindet, an der Tafel »Wanderwege in die Vergangenheit« (Mark. »Altmühltal Panoramaweg«) vorbei auf dem Teerweg leicht bergauf zur Ottilienkapelle am Waldrand und links auf einen Feldweg. In leichtem Auf und Ab (an den Bäumen vereinzelt weiße Pfeile als Mark.) oberhalb des Talbodens nach **Unteremmendorf** ❷. Beim ehemaligen Hirtenhaus im Ort rechts und entlang des Baches bergauf. Am Ortsende halten wir uns zuerst rechts und folgen nach 40 m links dem Ww. »Zum Felsentor« (Mark. »Altmühltal Panoramaweg«). Der traumhafte Steig führt durch den Wald bis zum Torfelsen, dem mittleren der drei Burgställe von Unteremmendorf. Ihre exponierte Lage begünstigte die Anlage der Burgen: Von den Felsnasen ist der ganze Talbogen zwischen Kinding und Beilngries einsehbar. Die Namen der Burgställe sind urkundlich nicht überliefert, heute heißen sie Hubertusfelsen, Torfelsen – hier stand wohl die älteste der drei Burgen – und Saufelsen. Unter dem Felsbogen hindurch, der zwei größere Felsen mit kleinen Höhlen verbindet, geht es auf die Hochfläche und zu einer Bank mit Infotafel. Ein Abstecher führt etwa 150 m in östlicher Richtung zum **Saufelsen** ❸, der zweiten markanten Felsnase, auf dem einst eine kleine Burg stand. Weiter den Markierungen des »Altmühltal-Panoramawegs« und »Burgenweg Kinding« folgend zum Aussichtspunkt Langfelsen mit seinen Rastbänken und zur Straße Unteremmendorf – Irlahüll. Gegenüber führt der »Burgenweg Kinding« am Rand der Hochfläche entlang zum **Hubertusfelsen** ❹, auf dem die jüngste der drei Burgen stand. In der südlichen und höheren Hälfte des Burgstalls ist der Standort des Turms noch gut erkennbar. Ein schöner Platz, auch wenn die Aussicht durch Bäume stark eingeschränkt ist. Weiter dem Burgenweg folgend zu einem Waldweg, wo wir wieder auf die Markierungen des »Altmühltal-Panoramawegs« treffen, der den Abstecher zum Langfelsen auslässt.

Rechts haltend gut markiert durch den Wald zu einer Forststraße und auf dieser kurz rechts bergauf, bis uns die Mark. auf einen rechts abzweigenden Pfad leiten. Dieser führt im leichten Auf und Ab durch den Wald zu einer weiteren Forststraße. Vorbei an Hügelgräbern aus der Bronzezeit (im Wald große Übersichtstafel mit Erklärung) folgen wir der Straße (zusätzlich Mark. Nr. 11), bis die Mark. rechts auf einen Weg weisen, der hinunterführt Richtung Kinding, wobei man keinesfalls den Abstecher zu einer Felsgruppe mit schützenden Felsdächern und kleinen Höhlen (Ww. »Klause«) versäumen sollte. Das Felsdach der **Klause** ❺ diente Menschen zeitweise als Aufenthaltsort und natürlicher Schutzraum und wurde bereits in der Alt- und Jungsteinzeit sowie später von den Kelten und Germanen im 4. Jahrhundert n. Chr. aufgesucht.

Knapp 200 m nach der Klause treffen wir schließlich auf den Hinweg, der zurück zum **Parkplatz** ❶ an der St 2230 bei **Kinding** führt.

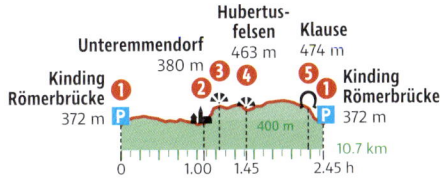

Ausblick vom Langfelsen ins Altmühltal.

↗ 250 m | ↘ 250 m | 12.6 km

32 Von Greding ins Agbachtal

3.00 h

Wald- und Wiesenidylle im Schatten der Autobahn

Trotz der nahen und unüberhörbar stark frequentierten Autobahn ist Greding ein bildschönes mittelalterliches Städtchen, das auf eine über 900-jährige Geschichte zurückblicken kann. Auffallend ist als Erstes die gut erhaltene, 1250 m lange Wehrmauer mit ihren drei Stadttoren und 20 kleinen Wehrtürmen. Im Inneren der Stadtmauer verstecken sich der große Marktplatz und stattliche Häuser vom Mittelalter bis zum Barock.

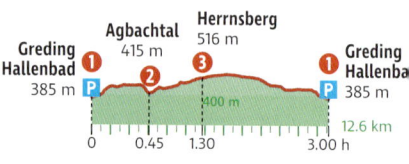

Ausgangspunkt: Parkplatz und Bushaltestelle am Hallenbad Greding, 385 m. Navi: 91171 Greding, Am Hallenbad.
Markierungen: Nr. 1 bis Herrnsberg und ab der Straße Greding – Röckenhofen, dazwischen Abschnitte ohne Markierung.
Anforderungen: Wald- und Wiesenwege, mehrere Anstiege nach Herrnsberg.
Einkehr: Unterwegs keine; Ghs. in Greding.
Sehenswertes: Die historische Altstadt Greding; Basilika St. Martin mit Karner in der Michaelskapelle; Mariengrotte bei Herrnsberg.

Traumhaft: Die von Bäumen gesäumte Promenade zurück nach Greding.

Es sind nur wenige Meter von der historischen Altstadt **Gredings** zum Beginn der landschaftlichen Schönheiten abseits der A 9. Vom Parkplatz am **Hallenbad** ❶ auf dem Fußweg zur Altstadt (Ww.) und durch die Nürnberger Straße zum gleichnamigen Tor, hinter dem uns ein Weg an der Stadtmauer entlang bergauf zur Basilika St. Martin bringt, dem größten romanischen Bau des Hochstifts Eichstätt. Mangels Platz auf dem Friedhof grub man früher die Toten wieder aus, sodass im angrenzenden Gebeinhaus noch heute die sterblichen Überreste von 2500 Menschen liegen – in ganz Bayern gibt es lediglich drei Häuser dieser Art. Schräg gegenüber der Kirche in einen Fußweg (Mark Nr. 1),

Der Kreuzweg mit 15 Stationen aus Juramarmor wurde im Jahr 2010 errichtet.

über ein paar Stufen leicht bergauf und flach weiter, bis bei der Steinskulptur »Mittragen« der Kreuzweg nach rechts abzweigt. In ein paar Serpentinen wunderschön hinauf zu einem Aussichtspunkt mit Kreuz und mit der Mark. weiter über den Trockenrasen zur Straße.

Schräg gegenüber mit der Mark. in einen Weg, der reizvoll zwischen Hecken und Wiesen in das einsame **Agbachtal** ❷ führt. Teils wunderschön entlang des Waldrandes, dann wieder durch den Wald geht es im Auf und Ab durch das Tal. Schließlich auf einem schönen Waldweg an einer Mariengrotte vorbei (kurzer Abstecher, Ww. »Zur Grotte«) hinauf nach Herrnsberg. Am Waldrand, noch vor dem ersten Haus, links und an dem Hof vorbei auf die von

Entlang der Stadtmauer führt die Wanderung zur Basilika St. Martin.

Greding kommende Straße. Ihr folgt man rechts in die Ortsmitte von **Herrnsberg** ❸, biegt dort in die Kirchenstraße (Richtung »Stierbaum«) und geht in der Rechtskurve kurz vor dem Ortsausgang geradeaus in einen Kiesweg (Mark. Kulturwanderweg). Über Felder weiter bis zu einer quer verlaufenden Hecke, vor der man im 90-Grad-Winkel links abbiegt. Entlang der Büsche (im Sommer hohes Gras), dabei die Straßen Herrnsberg – Röckenhofen und Greding – Röckenhofen kreuzend, in den Wald. Leicht abwärts in ein Tal und an einer Weggabelung (Mark. Nr. 1) links haltend im Auf und Ab bis zum Waldrand. Der Weiterweg verläuft links am **Kalvarienberg** entlang zwischen Hecken, Kiefern, Wiesen und Trockenrasen zurück nach **Greding**. Bei Erreichen einer Teerstraße wechselt man links auf einen Wanderweg und stößt bei der St.-Martins-Basilika schließlich auf die bereits bekannte Route, die durch die Altstadt zurück zum Ausgangspunkt am **Hallenbad** ❶ führt.

↗ 350 m | ↘ 350 m | 15.5 km

4.15 h

Durchs idyllische Kaisinger Tal 33

Schöne Runde aus dem Schwarzachtal auf die Albhochfläche

Wer von Greding aus in die einsamen Seitentäler wandert, der lässt schnell die dröhnende Autobahn hinter sich und taucht ein in paradiesisch ruhige Täler. Neben dem stillen, naturbelassenen Kaisinger Tal begeistert vor allem die Weite des malerischen Heimbachtales.

Ausgangspunkt: Parkplatz und Bushaltestelle am Hallenbad Greding, 385 m. Navi: 91171 Greding, Am Hallenbad.
Markierungen: Bis ins Kaisinger Tal Nr. 10, weiter bis Heimbach Wallfahrerweg, dann Nr. 3 bis Greding.
Anforderungen: V. a. bequeme Wald- und Feldwege, vereinzelt leichte Pfade.
Einkehr: Ghs. in Greding; Ghs. Gmelch in Heimbach (Do–So).

Tipp: Der Naturlehrpfad Kaisinger Tal ist auch als kurzer Spaziergang zu empfehlen. Ausgangspunkt beim städtischen Lagerplatz (Parkmöglichkeiten, Schautafel), Ww. »Naturlehrpfad Kaisinger Tal« beim Ortsausgang von Greding Richtung Kaising.
Sehenswertes: Die historische Altstadt Greding; Basilika St. Martin mit Karner in der Michaelskapelle.

Die schmucke Innenstadt von Greding ist eine Augenweide.

Gleich neben der Autobahn führt ein stilles Seitental nach Heimbach.

Vom Parkplatz in **Greding** am **Hallenbad** ❶ geht es zu den Altglascontainern und auf dem Fußweg zur Schwarzach. Vor der Brücke links (Mark.) und auf einem Wiesenweg zwischen Fußballplatz und Fluss ortsauswärts. Tafeln des Fischereilehrpfades begleiten die Wanderer, bis man schließlich offene Wiesen erreicht und vor einem Wasserlauf (Distelmühlbach) links zur Straße hinaufwandert. Dort rechts und gleich wieder links. Auf einem schönen, mit Gras bewachsenen Feldweg, an einer Holzliege vorbei, zum Waldrand.
Links den Wegspuren folgend über die Wiese zu einer Bank, dort mit der Mark. links in den Talboden und nach dem Distelmühlbach rechts zu einer Straße. Rechts, am städtischen Lagerplatz vorbei, und bei der Gabelung der Forstwege rechts (Mark.). Am Ende einer Wiese mit der Mark. des **Naturlehrpfads Kaisinger Tal** ❷ nach rechts. Auf einer Brücke über das hier in der Regel trockene Bachbett und nach wenigen Metern links. Ein wunderschöner Pfad schlängelt sich entlang des Brunnenbachs mit seinen Kaskaden und erreicht schließlich eine Wiese. Über diese weiter, bis wir bei einer Brücke die Talseite wechseln können und auf

Der Kaisinger Brunnenbach und seine Becken aus Kalkgestein.

eine Schotterstraße treffen, der wir rechts weiter ins Kaisinger Tal folgen. Ab einer Wegkreuzung mit Rastplatz folgen wir der Mark. des Wallfahrerwegs und einem Forstweg, der rechts auf die Hochfläche führt. Die Mark. leitet uns ohne Orientierungsprobleme über Felder und durch Wälder bis zu einer Wiese. Bei einem frei stehenden Baum mit Bank und einem Pfosten mit diversen Markierungsschildern halten wir uns rechts, wandern entlang einer Wiese mit einzelnen Bäumen und steigen ab ins Schwarzachtal. Hier rechts und mit einem kleinen Umweg zu einem **Kalkofen** (Mark.) nach **Mettendorf** ❸. Geradeaus durch den kleinen Weiler und nach der Autobahnunterführung mit der Mark. links. An der **Ruine Liebeneck** vorbei auf eine Teerstraße, rechts haltend zu einer Weggabelung und dort mit der Mark. Wallfahrerweg (Ww.) rechts nach **Heimbach** ❹. Am Gasthaus rechts (Ww. Greding) und mit der Mark. 3 wunderschön über die Hochfläche (im Aufstieg kurzer Abstecher zur nahen Antoniuskapelle möglich) und zurück ins Schwarzachtal.

Nach Verlassen des Waldes geradeaus und an einem Hotel rechts vorbei zu einer Straße. Rechts unter der Autobahn hindurch, nach der Tankstelle rechts in die Straße »Zur Achmühle«, beim Feuerwehrhaus links und an einem Ausstellungsgelände vorbei zur Schwarzach. Über die Brücke und geradeaus kommen wir zurück zum **Hallenbad Greding** ❶.

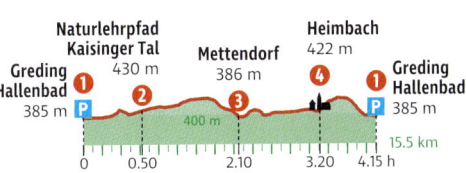

↗ 210 m | ↘ 210 m | 11.9 km

34 Erasbach am Nordrand der Frankenalb

3.00 h

Zum Hohen Brunnen und zur Steinernen Rinne

In einer Welt, in der selbst Belangloses zu einer Sensation hochgejubelt wird, ist es um manche wirkliche Sehenswürdigkeit merkwürdig still. Wie zum Beispiel um die Steinerne Rinne. Vollkommen unbeachtet und ohne sichtbare Hinweise versteckt sie sich in den Wäldern oberhalb von Erasbach. Und auch das ist erstaunlich: Das geologische Kuriosum hat sich erst ab der ersten Hälfte des 20. Jahrhunderts gebildet: In dieser kurzen Zeit entstand die 80 Meter lange und bis zu 80 Zentimeter hohe Rinne.

Ausgangspunkt: Parkplatz beim Sportheim BV Erasbach, 406 m. Navi: 92334 Berching, Bachhausener Str. 1. Bushaltestelle: Erasbach Kirchplatz, Berching.
Markierungen: Bis Weidenwang Rundwanderweg Christoph Willibald Gluck (Mark. Nr. 3), bis zur Hochstraße sporadisch Mark. Nr. 6, danach bis zum Hohen Brunnen B, zurück ohne Mark.

Anforderungen: Problemlose Wanderung, überwiegend auf guten Forststraßen oder Waldwegen; die feuchten Stellen beim Wegabschnitt nach dem Hohen Brunnen können auch seitlich im Wald umgangen werden.
Einkehr: Keine Möglichkeit.
Sehenswertes: Steinerne Rinne, Hoher Brunnen.

Moos wächst auf den Sinterterrassen des Hohen Brunnens.

Ausgangspunkt der Wanderung ist **Erasbach** ❶, wobei man das Auto am besten beim Sportheim abstellt. Durch die Freystädter Straße geht es zum Kirchplatz und dort auf einem Fußweg rechts an der Kirche vorbei auf eine Teerstraße. Bei der ersten Möglichkeit biegen wir rechts ab und folgen nach 190 m einem Feldweg, der am Ortsrand entlangführt. Kurz darauf erreichen wir die Mittelmühlstraße (sie beginnt schräg gegenüber des Sportheims) und folgen ihr aus dem Ort hinaus. Auf Feld- und Wiesenwegen wandern wir am Waldrand entlang nach **Weidenwang** ❷, wo wir nach Passieren kleiner Teiche (am Beginn der Teerstraße) links in einen Forstweg biegen. Auf diesem bergauf, bis wir nach 700 m eine quer verlaufende Forststraße erreichen. Hier rechts und nach 80 m links in einen Waldweg (Mark. Nr. 6), der teilweise recht steil hinaufführt auf die Hochfläche und zur **Hochstraße** ❸. Auf ihr links (Mark. Nr. 6) zu einer Kreuzung. Schräg rechts haltend Richtung Berching (Ww.), bei der nächsten Kreuzung 800 m weiter links (Mark. B). Der Mark. folgend geradeaus über die nächste Kreuzung hinweg bis zu einem Baum mit dem Schild »Breitschlag«. Dort rechts in einen Waldweg, über eine kreuzende Forststraße hinweg und weiter bis zum Burgstall **Hoher Brunnen** ❹ mit seinen Sinterterrassen.

Wir folgen nun der Mark. Nr. 4 weiter auf einem recht matschigen Weg bis zu einer Forststraße, gehen dort rechts und bei der

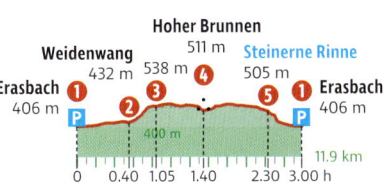

Nicht anfassen, nur anschauen: die im Wald versteckte Steinerne Rinne.

nächsten Möglichkeit links, bis wir bei einer Kreuzung wieder auf die bereits bekannte Route treffen. Auf der anderen Seite der Kreuzung beginnt ein Waldweg, dem wir bis zu einer Kreuzung folgen. Dort rechts auf einen teilweise recht sandigen Weg, der wunderbar durch den Kiefernwald führt. Nach 900 m, bei einem alten Markierungsstein mit der Schrift OP am rechten Wegrand, biegen wir links ab, verlieren etwas an Höhe, bis in Sichtweite einer Forststraße links im spitzen Winkel ein Weg zurückführt. Auf ihm erreichen wir nach 120 m die **Steinerne Rinne** ❺. Daneben abwärts, dann rechts bergab und auf einer Teerstraße nach **Erasbach** ❶.

↗ 400 m | ↘ 400 m | 20.4 km

5.00 h

Von Berching auf die Albhochfläche 35

Lange Wanderung links und rechts des neuen und alten Kanals

Aneinandergereihte Häuser, kleine Kirchen und hübsche Plätze, all das umgeben von einer Stadtmauer mit begehbaren Wehrgängen, 13 Türmen und vier Toren – Berching ist ein Paradebeispiel für eine mittelalterliche Stadt. Die Befestigungsanlagen in ihrer heutigen Form wurden bereits zwischen 1464 und 1496 erbaut. Zentral gelegen war die Stadt schon damals, die Straße von Nürnberg nach Ingolstadt kam hier vorbei, und bis zu fünf Stockwerke hohe Speicherhäuser waren der sichtbare Beweis für den Reichtum. Seit dem Bau des Ludwigskanals 1846, der ersten Schiffsverbindung zwischen Main und Donau und damit zwischen Schwarzem Meer und Nordsee, und erst recht nach der Eröffnung des Main-Donau-Kanals, fast 150 Jahre später, liegt Berching an einer europäischen Handelsroute.

Ausgangspunkt: Parkplatz nördl. des Krapfentors in Berching, 390 m. Navi: 92334 Berching, Bahnhofstr. Bushaltestelle: Berching, Realschule.
Markierungen: Die Tour folgt auf der ersten Hälfte bis Hagenberg der Nr. 2; auf dem Abschnitt bis Jettingsdorf keine Markierung; bis zur Kapelle Nr. 7 und Frankenweg. Beim Rückweg nach Berching die Nr. 4; auf der zweiten Runde zunächst Markierung Nr. 1 bis zum Aussichtspunkt über Berching. Nach einem Teilstück ohne Markierung hält man sich dann beim Abstieg durch das Rachental an die Markierung JT.
Anforderungen: Lange Wanderung auf Wald- und Wiesenwegen mit ein paar kurzen Passagen auf Waldpfaden; Steigungen aus dem Tal auf die Hochebene, kurze Steilstücke.
Einkehr: Ghs. in Berching.
Sehenswertes: Alter Main-Donau-Kanal, von König Ludwig I. von Bayern erbaut (Schautafeln); Berching mit historischer Altstadt und interessantem Museum Berching zu Ehren von Christoph Willibald Gluck (www.berching.de).
Variante: Da man nach etwa der Hälfte der Wanderung wieder durch Berching kommt, kann man die Strecke gut in zwei Etappen unterteilen und aus einer Tages- zwei Halbtagestouren machen.

Die Altstadt von Berching mit der Stadtmauer liegt direkt am Kanal.

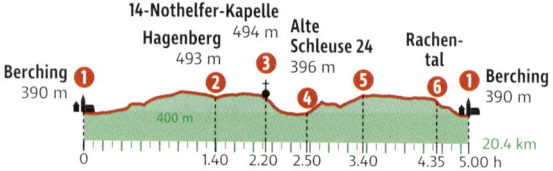

Vom **Parkplatz Bahnhofstraße** ❶ in **Berching** treten wir durch das Krapfentor (Neumarkter Tor) ein in die historische Altstadt und folgen der Klostergasse nach rechts zum Pettenkofer- und Reichenauplatz, wo der offene Stadtbach mit Quellwasser vom Haarberg die Innenstadt von West nach Ost durchquert. Am Ende biegen wir links in die Forstergasse (Mark.) und verlassen durch ein kleines Tor die Altstadt. Auf der Fußgängerbrücke über den Kanal und rechts auf dem Gehsteig neben der Gredinger Straße zur Straße nach Hilpoltstein, die wir bis kurz vor das Ortsende nehmen. Dem Ww. »Kreisstraßenmeisterei Berching« folgen wir nach links und biegen beim steilen Anstieg Richtung Hagenberg unterhalb eines gelben, allein stehenden Hauses am Ende der Pflasterstrecke links ab. Der Weg führt durch den einsamen **Rudertshofener Graben** mit seinen rund 20 Quellen, die den Berchinger Stadtbach speisen, immer den Mark. folgend aufwärts, bis wir die Hochfläche nordöstlich von Rudertshofen bei einer Teerstraße erreichen. Diese führt rechts nach **Hagenberg** ❷, wo links vom Hof ein Kiesweg vorbeiführt. Ein kurzer Abstecher bringt uns hinauf zu einer kleinen Kapelle, wo wir unter ausladenden Bäumen die schöne Aussicht genießen können.
Weiter auf dem Kiesweg durch ein Waldstück, dann am Waldrand entlang zu einer Straße, die links nach 130 m das Ortsschild von **Jettingsdorf** erreicht.

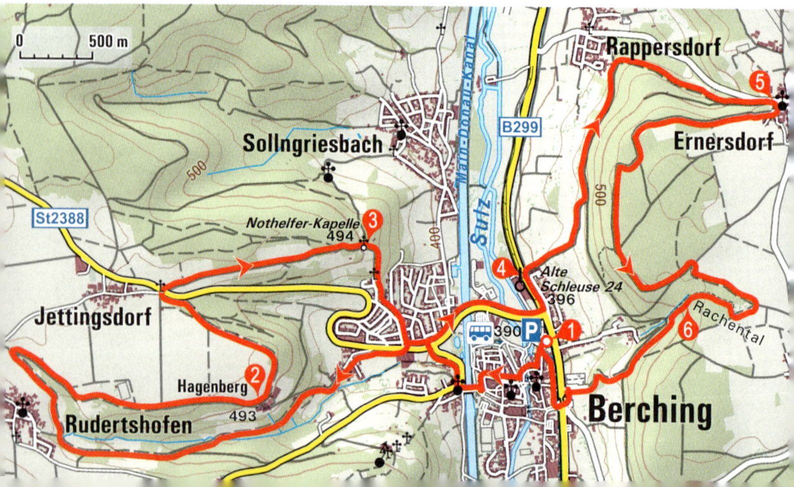

Rechts in einen Feldweg, der uns am Rand der Hochfläche entlang zu einem schönen Aussichtspunkt bei einer Kieferngruppe bringt. Durch den Wald geht es hinab zu einer Wegkreuzung mit einer kleinen **Kapelle** ❸ zu Ehren der Heiligen 14 Nothelfer, bei der wir der Beschilderung nach Berching folgend durch Obstgärten (Mark. Nr. 4) und durch ein Wohngebiet die Straße Berching – Hilpoltstein erreichen.

Deutlich sichtbar ist die Gesteinsschichtung im ehemaligen Steinbruch bei Ernersdorf.

Der Kreis der ersten Runde ist damit geschlossen, und wir wechseln auf die östliche Seite des Kanals mit der B 299. Auf dem geteerten Radweg gehen wir links zur **Alten Schleuse 24** ❹, informieren uns auf einer Schautafel über den alten **Ludwigskanal** (Ludwig-Donau-Main-Kanal) und biegen nur wenige Meter weiter beim letzten Haus rechts in einen gepflasterten Weg. Er führt bergauf zu einem quer laufenden Forstweg. Hier geht es nahezu eben durch den Wald nach links, bis wir in einer Linkskurve vor den Häusern von Rappersdorf rechts in einen ansteigenden Weg schwenken (Ww. »Steinweg«, Mark. Nr. 1), der uns Richtung Ernesdorf und zu einem aufgelassenen Steinbruch auf der gegenüberliegenden Straßenseite führt. Das fehlende Material fand unten im Tal Verwendung, u. a. für den Bau der Wehrmauer, für den Ludwig-Donau-Main-Kanal und für die Befestigung des Platzes vor dem Gredinger Tor.

Am Ortseingang von **Ernersdorf** ❺, gleich hinter dem Feuerwehrhaus, gehen wir rechts bergauf und biegen nach 60 m rechts ab, um kurz darauf den Ort zu verlassen. Der Straße folgend zu einer frei stehenden Lärche, dort rechts (Mark. Frankenweg) über eine Lichtung mit Jägerstand und zu einem der schönsten Aussichtspunkte über Berching (Schautafel, Fernrohr). Der Forstweg erreicht nach 570 m den Waldrand (eine Abzweigung zum Rachental auf halber Strecke ignorieren wir), wo wir abbiegen und einem anderen Weg bis zu einer kleinen Baumgruppe mit Bank und Feldkreuz folgen. Dort biegen wir rechts ab und wandern entlang eines zur Aufforstung eingezäunten Feldes bis zum Ende des Zaunes. Rechts haltend folgen wir einem Pfad (Mark. JT), der wunderschön durch das romantische **Rachental** ❻ führt und schließlich einen Forstweg erreicht. Auf diesem nach links, bis man mit der Mark. JT rechts abbiegt und am Friedhof vorbei die B 299 erreicht, die wir links nach wenigen Metern in einer Unterführung kreuzen. Nun entweder auf dem Weg zwischen der Wehrmauer und dem Kanal oder durch die historische Altstadt von **Berching** zurück zum Ausgangspunkt am **Parkplatz Bahnhofstraße** ❶.

↗ 240 m | ↘ 220 m | 11.6 km

36 Von Beilngries durch das Sulztal

3.00 h

Über das Kloster Plankstetten nach Berching

Die Benediktinerabtei Plankstetten mit ihren imposanten Bauten und der Kirche mit den zwei Türmen bestimmt das Landschaftsbild zwischen Beilngries und Berching. Im Jahr 1129 wurde das Benediktinerkloster gegründet, in den letzten Jahren gab es immer wieder aufwändige Sanierungsarbeiten, sodass weite Teil heute in neuem Glanz erstrahlen. Überregional bekannt ist das Kloster vor allem durch den Anbau ökologischer Produkte aus Landwirtschaft, Gärtnerei, Metzgerei und Bäckerei – und natürlich für das nach Klosterrezept gebraute Bier. Das Maibockfest oder der Erntedankmarkt sind beliebte Fixpunkte im Veranstaltungskalender des Klosters, in dem man auch übernachten kann.

Ausgangspunkt: Parkplatz am Beilngrieser Hafen, 373 m. Navi: 92339 Beilngries, Am Main-Donau-Kanal. Bushaltestelle: Beilngries, Frauenkirche.
Endpunkt: Berching, Bushaltestelle Berching Vorstadt, 385 m. Zurück mit dem Bus Linie 515 nach Beilngries.

Markierungen: Die Route folgt der Jura2000-Tour und ist durchgehend mit JT bezeichnet.
Anforderungen: Abwechslungsreiche Wanderung im Auf und Ab entlang des Sulztales. Teilweise schmale Pfade, überwiegend jedoch breite Wege.
Einkehr: Gastronomie in Beilngries und Berching, Klosterschenke in der Benediktinerabtei Plankstetten.
Sehenswertes: Benediktinerabtei Plankstetten mit romanischer Kirche, barocker Klosteranlage und Hofladen mit biologischen Produkten (www.kloster-plankstetten.de); Berching mit sehenswerter Altstadt und dem Museum Berching zu Ehren von Christoph Willibald Gluck mit Multimedia-Präsentation über Leben und Werk des Komponisten (www.berching.de).
Tipp: Das Altmühltal aus der Luft: Am Flugplatz Beilngries können Rundflüge gebucht werden (www.lsvbeilngries.de).
Variante: Parallel zum Main-Donau-Kanal verläuft ein breiter Kiesweg, der auch mit Kinderwagen gut zu begehen ist. Ein kurzer Abstecher führt dann hinauf zum Kloster Plankstetten.

Für Entdecker: die Sandstein-Karsthöhle Kruzerloch am Westhang des Sulztals bei Plankstetten.

Vom **Parkplatz** ❶ am **Yachthafen** (Bushaltestelle Hafen) in **Beilngries** vorbei zu einem Wehr, bei dem vom Kanal Wasser für die durch Beilngries fließende Sulz abgeleitet wird. Gleich danach links (Mark. JT) und durch eine Wiese auf einen Feldweg. Links, nach knapp 100 m vor einem Neubaugebiet wieder rechts und leicht ansteigend zu einem Parkplatz. Schräg gegenüber wählen wir den unteren Weg (Mark. JT), der nach wenigen Metern die Marienklause mit kleinem Bach und Marienkapelle erreicht. An der Kapelle vorbei, über die Straße und gegenüber der Mark. folgend links haltend auf den steilen Forstweg. Nach 50 m rechts (Mark.) und durch den Buchenwald des Sichelbergs, teilweise auch durch Wiesen bis zu einem gepflasterten Weg oberhalb von **Biberbach** ❷. Hinunter zur Straße, rechts und gleich wieder links zu den Häusern.

Der Ww. leitet einen entlang eines kleinen Baches zur Wehrkirche St. Michael und gleich danach rechts zu einer Straße, auf der wir rechts haltend Richtung Plankstetten laufen. Nach gut 200 m halblinks auf einen gepflasterten Weg und steil bergauf. In der Linkskurve rechts ab und durch Wald und über Wiesen mit teils schönem Blick über das Sulztal zum

Der morgendliche Nebel lichtet sich über Kloster Plankstetten und dem Kanal.

Klosterladen und in den Hof von **Kloster Plankstetten** ❸. Zwischen Klosterschenke und Kirche verlassen wir die Klosteranlage und gehen beim Klosterplatz geradeaus in die Eglasmühler Straße (Mark.). Bei einem Baum mit Bank geradeaus in den Kiesweg (Mark.) und wunderschön zu einem Bach und dem gleich oberhalb befindlichen **Kruzerloch** ❹ (Krügerloch). Oberhalb der kleinen Höhle vorbei zu einem Forstweg, kurz links und nach 60 m bei der Tafel »Benediktusweg« wieder rechts auf einen oberhalb verlaufenden Forstweg. Der Mark. folgend im Auf und Ab durch den Wald bis zu einer Straße, auf dieser bergab und bei der Rechtskurve links haltend zum Main-Donau-Kanal (Mark.). Entlang der Wasserstraße, zuletzt mit schönem Blick auf Berching zu einer Fußgängerbrücke. Über den Kanal und entlang der Stadtmauer zum Gredinger Tor. Wir gehen durch die sehenswerte Altstadt von **Berching** und weiter in die Bahnhofstraße zur **Bushaltestelle Vorstadt** ❺.

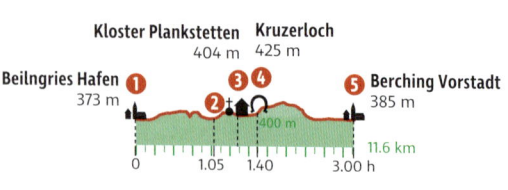

↗ 410 m | ↘ 410 m | 18.7 km
5.00 h

TOP 37

Drei Berge über Beilngries

Über Wodansburg und Hirschberg auf den Arzberg

Das beliebte Ausflugsziel Beilngries wird vor allem von Radlern geschätzt, die auf dem Altmühltal-Radweg hier gerne Station machen. Auch für Wanderer ist die Stadt mit ihrer über tausendjährigen Geschichte attraktiv, obwohl das Potenzial bei Weitem nicht ausgeschöpft wird. Denn viele der alten Steige, die durch die Hänge über dem Altmühl- und Sulztal ziehen, werden nicht gepflegt und geraten zunehmend in Vergessenheit. Die beschriebene Runde führt über einige dieser wunderschönen Steige und zeigt deutlich, dass Wandern auf alten Pfaden viel schöner ist als auf breiten Forstwegen.

Ausgangspunkt: Parkplatz am Beilngrieser Hafen, 373 m. Navi: 92339 Beilngries, Am Main-Donau-Kanal. Bushaltestelle: Beilngries, Neumarkter Str.
Markierungen: Bis zur Wodansburg Nr. 3 u. 6, Abstieg Nr. 6., auf der westl. Kanalseite teilweise Nr. 1 und Altmühltal-Panoramaweg, über den Hirschberg kaum Mark. Richtung Arzberg, auf der Hochfläche und beim Abstieg Nr. 5, zuletzt Nr. 6.
Anforderungen: Einfache Wanderung auf teils schmalen Steigen mit drei längeren Anstiegen.

Einkehr: Ghs. zum Hirschen in Hirschberg, Ghs. in Beilngries.
Sehenswertes: Schloss Hirschberg; Felsenkeller-Labyrinth im Hirschberg – Brauereimuseum, Führungen von Ostern bis Oktober, So um 10.30 Uhr, im August auch Do um 10.30 Uhr; Ausblicke über Beilngries und das Altmühltal.
Tipp: Ein Spaß für die ganze Familie ist ein Besuch des Altmühltaler Abenteuerparks, einem Hochseilgarten unter dem Schloss Hirschberg (www.altmuehltaler-abenteuerpark.de).

Vom **Hafen** ❶ in **Beilngries** gehen wir kurz zurück zum ehemaligen Hotel Gallus und nach dem Alten Bahnhof links. Auf der Brücke über den **Main-Donau-Kanal**, 70 m nach dem Ortsschild über die Straße und gegenüber in den Streuobst-Lehrpfad (Mark. Nr. 3 u. 6). Nach knapp 500 m halb links (Mark.) und auf der Brücke über den hier leeren und eingewachsenen Ludwig-Donau-Main-Kanal zu einem Feldweg. Rechts und gleich wieder links (Mark.) über die Felder zum Waldrand und einer quer verlaufenden Forststraße. Gleich gegenüber auf kleinem

Das Steindenkmal an der Wodansburg.

Steig (Ww. »Aussichtspunkt«, Mark. Nr. 3 u. 6) hinauf zur **Wodansburg** ❷ und einem Holzpavillon. Neben dem Pavillon führt ein schöner Steig (Mark. Nr. 6) erst flach, dann in Serpentinen bergab zu einer quer verlaufenden Forststraße. Rechts und bei der ersten Möglichkeit (nach ca. 1 km) mit Blick auf Biberbach links hinunter zum alten, zugewachsenen Ludwig-Donau-Main-Kanal. Links (Nr. 1) weiter, bis man rechts zur Straße Beilngries – Berching abbiegen kann. Über die Straße auf den etwas unterhalb verlaufenden Radweg und rechts zur Brücke über den Main-Donau-Kanal. Dahinter links auf einen Feldweg und nach 670 m rechts (Markierung Altmühltal-Panoramaweg, Nr. 1) entlang eines Neubaugebietes, dann auf schönem Pfad hinauf zu einem kleinen Parkplatz. Über die Straße und schräg gegenüber auf den unteren Weg (Mark. Nr. 1), der nach wenigen Metern die von Straßen eingefasste **Marienklause** ❸ erreicht. Dem Weg folgend zur Straße und gegenüber mit der Markierung auf die Hochfläche. Immer geradeaus (nicht der Markierung folgen, die einen Bogen nach rechts macht, aber kurz darauf wieder auf den Weg trifft) mit teils schönem Blick ins Birkental weiter. Der Weg wechselt schließlich auf die Südseite des Birkentals (Mark. Nr. 1). Immer am Rand der Felder und der Hochfläche bleibend in einem

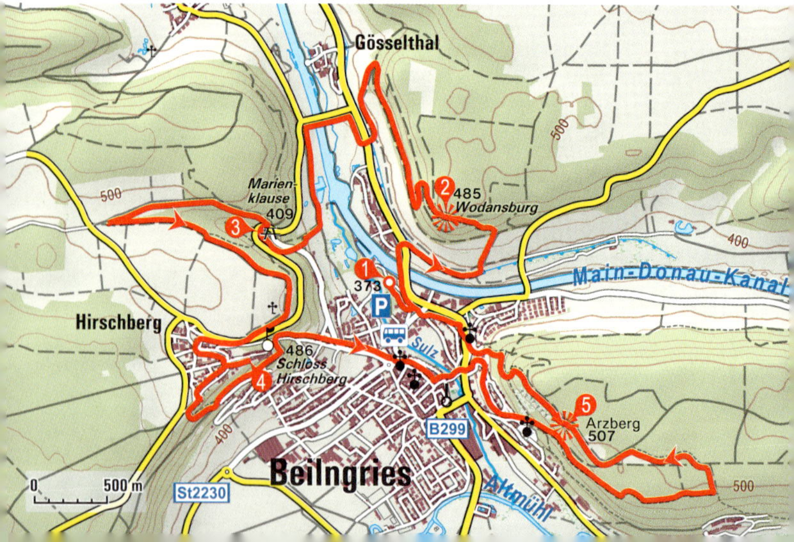

Schloss Hirschberg über dem Altmühltaler Nebelmeer.

weiten Bogen zu einem Kreuz mit schönem Blick auf Beilngries und Schloss Hirschberg. Die Mark. »Altmühltal-Panoramaweg« führt durch den kleinen Ort **Hirschberg**, mit einem Abstecher zum gleichnamigen **Schloss** ❹, und weiter zu einem Aussichtspunkt. Am Sendemast vorbei und nach 50 m links in Richtung Strommast. Im Gebüsch öffnet sich ein Weg, der in zwei Serpentinen hinunterführt zu den ersten Häusern des Gaisbergs. An diesen vorbei und der Straße bis zur Kehre folgen. Hier links und auf den oberen Weg, der oberhalb des Hochseilgartens zur alten Hirschberger Straße führt. Auf dieser hinunter zum Abenteuerpark und Brauereimuseum und am Parkplatz links vorbei bis zum Kreisverkehr. Schräg gegenüber führt ein Durchgang in einen Innenhof mit dem Alten Feuerwehrhaus und in die schmucke Altstadt von Beilngries.

Nun entweder auf dem Fußweg zur Sulz oder durch die Hauptstraße zum Hotel Gams und davor links in die Schneider-Peterle-Gasse (diverse Ww.). Geradeaus über die Sulzbrücke und die Maria-Hilf-Straße, kurz bergauf und rechts (Mark. Nr. 5, Waldlehrpfad) auf einem Fußweg flach durch den Kurpark zur Arzbergstraße. Am Friedhof vorbei bergauf, bis links eine Straße zur Schießanlage Hubertus abzweigt. Genau hier zweigt halb rechts ein kleiner, leicht zu übersehender Steig ab, der wunderschön die Hänge quert und schließlich auf die Hochfläche des Arzbergs führt. Der Hangkante entlang, bis man auf einen von rechts heraufführenden Weg und die Mark. »Nordic-Walking 7« trifft. Links 200 m bis zu einer Forststraße, wieder links und nach 70 m rechts auf den Waldlehrpfad Arzberg (Mark. Nr. 5). Auf dem schönen Wiesenweg erst durch Wald, dann am Rand eines Trockenrasens auf einen Forstweg und auf diesem links bis zum Schild »Waldlehrpfad« in einer riesigen Astgabel. Vor dem Ww. rechts ab (Markierung Nr. 5) und zu einem Aussichtspunkt am **Arzberg** ❺. Weiter der Hangkante entlang und der Nr. 5 folgend auf schönem Steig bergab in die Straße »Am Galgenbrunnen«. An der evangelischen Kirche rechts vorbei und mit der Markierung des Altmühltal-Panoramawegs zum Alten Bahnhof und zum **Hafen** ❶ in **Beilngries**.

↗ 220 m | ↘ 220 m | 13.9 km

38 Von Beilngries auf den Arzberg

3.30 h

Über den Höhenrücken zwischen Beilngries und Dietfurt

Beilngries mit seinem historischen Altstadtkern, der von einer teilweise noch erhaltenen Stadtmauer mit neun Stadttürmen umgeben wird, liegt eingebettet zwischen dem Barockschloss Hirschberg, der ehemaligen Sommerresidenz der Eichstätter Fürstbischöfe und dem lang gezogenen Rücken des Arzbergs, über und um den herum zahlreiche Wanderwege führen.

Einfach schön: der Blick über das Altmühltal auf Kottingwörth.

Ausgangspunkt: Parkplatz am Beilngrieser Hafen, 373 m. Navi: 92339 Beilngries, Am Main-Donau-Kanal. Bushaltestelle: Beilngries, Frauenkirche.
Markierungen: Bis zur Realschule Nordic Walking Route 1, bis Höhe Kottingwörth Nr. 4, auf dem Arzberg anfangs »Altmühltal-Panoramaweg«, ab Beginn des Waldlehrpfads Nr. 5, ab evangelische Kirche bis Hafen »Altmühltal-Panoramaweg«. Dazwischen Abschnitte ohne Markierung.
Anforderungen: Einfache Wanderung auf überwiegend schönen Wiesenwegen und Steigen. Auf der Südseite des Arzbergs sehr sonnig, auf der Hochfläche schattige Waldwege.
Einkehr: Nur am Touranfang/-ende Ghs. in Beilngries.
Sehenswertes: Der Arzberg ist Europas größter Durchbruchsberg und zählt zu den »100 schönsten Geotopen Bayerns«. Seit 2011 steht er unter Naturschutz.
Tipps: Besuch des ganzjährig geöffneten Dinoparks Bayern zwischen Denkendorf und Beilngries (s. auch S. 23, www.dinopark-bayern.de). Eine Familienattraktion ist auch der Hochseilgarten unter dem Schloss Hirschberg (www.altmuehltaler-abenteuerpark.de).

Vom **Parkplatz** ❶ hinter dem ehemaligen Hotel Gallus in **Beilngries** Richtung **Yachthafen** und nach dem letzten Haus links in den Fuß- und Radweg (Mark.). Über die Sulz und beim Spielplatz links auf einen schönen Spazierweg,

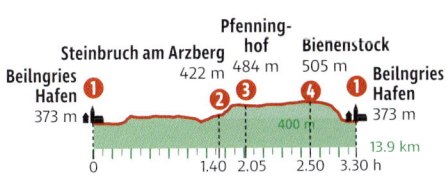

der immer entlang der Sulz an der Altstadt von Beilngries vorbeiführt. Beim Sportplatz der Realschule links über die Sulz und geradeaus zur Hauptstraße. Diese schräg rechts querend in die Arzbergstraße, wobei wir anfangs dem Fußweg entlang der Stationen des Kreuzwegs folgen und ab der Station VII auf der Straße zum Friedhof wandern.

Vorbei an einer Übersichtstafel zum Waldlehrpfad Arzberg auf der hier noch geteerten Straße Richtung **Arzberg** rund 130 m bergauf bis zum Beginn der Schotterstraße. Dort halb rechts in den flachen Wiesenweg, der links am Zaun des Wasserbehälters vorbeiführt und nach einem kurzen Abstieg einen Querweg erreicht. In leichtem Auf und Ab durch den Wald und schließlich auf einem Teerweg zu einem Fortbildungszentrum. Geradeaus in den obersten Parkplatz (Nr. 4), an dessen Ende wir wieder einen schmalen Wanderweg erreichen. Wir folgen dem herrlichen Wiesenweg auf der Sonnenseite des Altmühltals zu einem Aussichtspunkt mit schönem Blick auf Kottingwörth und die auffallenden Kirchtürme.

Wenige Meter weiter geht es hinter einer Föhre ein paar Schritte links bergauf und dann gleich wieder rechts auf einen flachen Wiesenweg, der oberhalb der

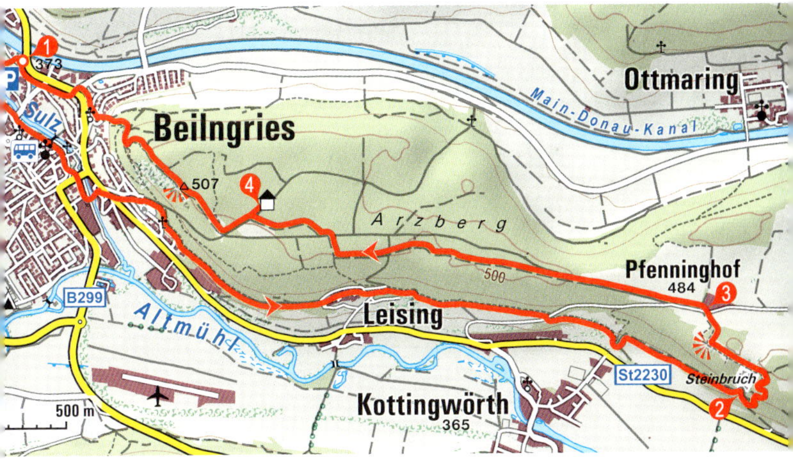

Gehört zu den 100 schönsten Geotopen Bayerns: der Steinbruch am Arzberg.

Trockenrasenhänge entlangführt und nach rund 700 m auf eine Teerstraße trifft. Kurz rechts bergab und nach rund 75 m links (Mark.) in einen Wiesenweg, der erneut aussichtsreich und sonnig die Hänge oberhalb des Altmühltals quert. Am Schluss kurz steil bergab und noch vor dem Teerweg gleich wieder links bergauf. Auf dem Wiesenweg oberhalb der Felder entlang, bis von rechts ein Wiesenweg einmündet. Dort zweigt links ein schmaler Steig ab, der leicht ansteigend zum **Steinbruch** ❷ führt.

In gebührendem Abstand zu den brüchigen Felswänden durch den Kessel und auf der anderen Seite in einen Steig, der wunderschön bergauf führt. Vorbei an der Infotafel »Malmschichten am Arzberg« in Serpentinen auf die Hochfläche und zu einem Aussichtspunkt genau oberhalb des Steinbruchs. Auf dem »Altmühltal-Panoramaweg« zum **Pfenninghof** ❸ und dem Ww. folgend auf einen Feldweg, der geradeaus über die Hochfläche zum Waldrand führt. In Sichtweite zu einer großen Übersichtstafel zweigt bei einem Ww. links ein Waldweg ab, der im Grunde parallel zum ausgeschilderten Panoramaweg, allerdings deutlich spannender immer am Rand des Plateaus entlangführt.

Mit der Nordic Walking Route 7 schließlich rechts auf den bereits bekannten Forstweg, kurz links und gleich wieder rechts auf den Waldlehrpfad Arzberg (Nr. 5). Auf dem schönen Wiesenweg erst durch Wald, dann am Rand eines Trockenrasens auf einen Forstweg – rechts kurzer Abstecher zu einem **Bienenstock** ❹ mit Schautafel zu Bienen und Imkerei – und auf diesem nach links bis zum Schild »Waldlehrpfad« auf einer riesigen Astgabel. Vor dem Ww. führt ein Weg rechts über die Trockenrasen zum Rand der Hochfläche mit Traumblick über Beilngries. Weiter an der Hangkante entlang und auf schönem Steig der Nr. 5 folgend zur ev. Kirche. Von dort führen einen die Mark. des »Altmühltal-Panoramawegs« zurück zum Ausgangspunkt in **Beilngries** am **Hafen** ❶.

↗ 450 m | ↘ 450 m | 14.6 km

4.00 h

Von Dietfurt nach Mühlbach — 39

Zum größten Quelltopf Bayerns unter dem Wolfsberg

Der Ferienort Dietfurt liegt geschützt am Fuß des Kreuzbergs. Er ist bekannt für seine zahlreichen Wasserläufe: Altmühl, Main-Donau-Kanal, die Breitenbrunner und die Weiße Laber, Mühlbach und die Reste des alten Ludwigskanals. Der Reichtum an Wasser führte zur Entstehung zahlreicher Wassermühlen, die die Stadt ab 1897 bereits mit elektrischem Strom versorgten.

Ausgangspunkt: Parkplatz beim Friedhof, 364 m. Navi: 92345 Dietfurt, Breitenbrunner Str. Bushaltestelle: Dietfurt a.d. Altmühl, Friedhof.
Markierungen: Mit der Mark. Nr. 5 über den Breitfelsen zum Kopffelsen, zur Forststraße die Nr. 6, dann die Nr. 4.
Anforderungen: Meist bequeme Feld- und Waldwege, schöne Hohlwege.
Einkehr: Ghs. Zum Wolfsberg in Mühlbach; Ghs. in Dietfurt.
Sehenswertes: Quelltopf der großen Mühlbachquelle und gleich daneben die Obermühle mit der Ausstellung Stein.Wasser.Höhle (www.obermuehle-muehlbach.de); Innenstadt von Dietfurt; Altmühltaler Mühlenmuseum in der Rengnathmühle, tägl. 8–20 Uhr; Museum im Hollerhaus mit archäologischen Funden, geöffnet vom 16.5. bis 15.10., Mi und Sa 14–18 Uhr, Sonn- u. Feiertage 14–17 Uhr, im Mai nur an Wochenenden.
Tipp: Abstecher auf den Kreuzberg mit Aussicht über das Tal und die Stadt.

Nur ein kurzes Stück gehen wir in **Dietfurt** vom **Parkplatz** ❶ in Richtung Labertal, dann können wir rechts in den Wildensteiner Weg biegen (Mark. Nr. 5) und die Straße Dietfurt – Breitenbrunn überqueren. Weiter zum Waldrand und auf einem Fahrweg schräg rechts hinauf zu einer Weg-

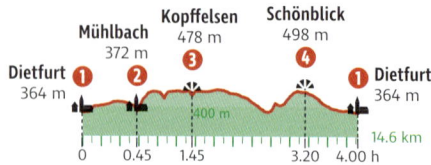

gabelung, wo wir uns rechts halten (Ww. »Wildensteiner Steig«, Mark. 5 Ri. Mühlbach). Der Mark. folgend zur Straße Dietfurt – Wildenstein und gegenüber zu einer Schautafel (Erdgeschichte). Der Mark. Nr. 5 weiter folgend auf schönem Weg Richtung Mühlbach (Ww., Nr. 5). Kurzer, steiler Abstieg zum Ortsrand von **Mühlbach** ❷, wo Ww. links zu Breitfelsen und Kopffelsen weisen und rechts, gleich unterhalb des Weges, die Mühlbachquelle liegt. Der Quelltopf ist der sichtbare Abfluss eines weit verzweigten Entwässerungsnetzes, das 2001 von Höhlenforschern entdeckt wurde. Auf einem Hohlweg sehr schön durch den Wald bergauf, der Mark. Nr. 5 und den Ww. »Breitfelsen« folgend auf die Hochfläche. Links auf die großartige Aussichtskanzel des **Breitfelsens**, dann auf demselben Weg zurück und, auf der Hochfläche bleibend, noch ein paar Meter weiter, bis man rechts, kurz vor einer großen Forststraße, auf einen Waldweg schwenken kann (der Ww. »Kopffelsen« ist etwas versteckt). Die Mark. Nr. 5 (später zusätzlich die Nr. 6) führt direkt zum **Kopffelsen** ❸.

Zurück durch den Wald und der Mark. Nr. 6 folgend zu einer Forststraße. Die Mark. Nr. 5 leitet nach rechts und nach gut 1 km rechts in ein Tälchen, das direkt nach Mühlbach führt. Entlang der Bundesstraße gehen wir ein Stück Richtung Dietfurt und biegen dann links in die Keltenstraße ein (Mark. Nr. 4, Ww. »Walderlebnispfad Wolfsberg«). Geradeaus steil hinauf in den Wald zu einem quer verlaufenden Weg und auf diesem links (Mark. Nr. 4) zu einer Lichtung auf der Südseite des **Wolfsberges** mit guter Sicht über das Altmühltal. Von dort

Ein Gipfelkreuz steht auf dem Kopffelsen hoch über Mühlbach.

zieht neben einer Bank ein Weg aufwärts (Ww. »Schönblick«, Mark. Nr. 4) zur Hochfläche des Inselbergs. Links haltend den Mark. Nr. 4 folgend am westlichen Hügelrand entlang zum Aussichtspunkt **Schönblick** ❹.
Auf dem Rundweg weiter (Mark. Nr. 4) und über Stufen hinunter zu einer breiten Forststraße. Auf dieser oder dem parallel im Wald verlaufenden Wanderweg (nach 60 m weist die Mark. Nr. 4 halb rechts auf den im Sommer etwas zugewachsenen Steig) bergab zur Straße Dietfurt – Mühlbach. Dort folgen wir dem Radweg ein Stück nach rechts bis zur Abzweigung der Straße nach Wildenstein, wo man links auf den Fußweg Richtung **Dietfurt** wechseln kann, der auf den Hinweg trifft und links zum **Parkplatz** ❶ am Friedhof zurückführt.

↗ 260 m | ↘ 260 m | 16.5 km
4.00 h

40 Wissinger und Weiße Laber

Einsame Täler und unberührte Flussläufe bei Breitenbrunn

Täler, in denen die Flüsse noch ohne starres »Korsett« fließen dürfen, sind mittlerweile eine Rarität. Umso schöner ist es, dass mit Wissinger und Weißer Laber gleich zwei Flüsse im Raum Breitenbrunn – Dietfurt noch heute so schön mäandrieren wie seit eh und je. Prall- und Gleitufer, Steilabbrüche und Ufergehölze wie Schwarzerle und Weide begleiten den rund 40 km langen Flusslauf, der sich bis zu 150 m in die Albhochfläche eingegraben hat.

Ausgangspunkt: Parkplatz zwischen Sportplatz und Unterer Markt, 400 m. Navi: 92363 Breitenbrunn, Dietfurter Str. Bushaltestelle: Breitenbrunn (Kr. NM), Schule.
Markierungen: Im Tal der Wissinger Laber abwärts und an der Weißen Laber aufwärts Mark. »Wasser- und Mühlenweg«. Aus dem Tal hinaus und über die Hochfläche keine Mark., durch den Wald nach Breitenbrunn Mark. JT (Jura2000-Tour).
Anforderungen: Gemütliche Wanderung durch schöne Täler, ein längerer Anstieg nach Muttenhofen, ansonsten überwiegend flach.
Einkehr: Keine Möglichkeit.

Vom Parkplatz beim **Sportgelände** ❶ in **Breitenbrunn** gehen wir am Unteren Markt vorbei und die Premerzhofener Straße hinauf bis zum links abbiegenden Pfarrleithenweg (Ww. »Dietfurt«, Mark. »Wasser- und Mühlenweg«). Immer auf der rechten Talseite folgen wir der durch Wiesen mäandernden **Wissinger Laber** mit ihren kleinen Wehren (Schwälle) nach **Haas** ❷, wo sich die Täler von Wissinger und Weißer Laber vereinen. Dort über die Straße nach Premerzhofen und den Ww. des Wasser- und Mühlenwegs rechts ins grüne Wiesental der **Weißen Laber** folgen. Bei einem Unterstand links über die Laber (Ww.) und auf der rechten Talseite nach **Unterbürg** ❸. Durch den Ort und nach der Brücke über die Laber rechts (Ww. »Dietfurt«).

Kleine Wehranlagen unterbrechen den Lauf der mäandernden Wissinger Laber.

Nach knapp 550 m bei einer Straßengabelung links halten (hierher kommt man auch, wenn man beim Unterstand weiter geradeaus läuft) und hinauf nach **Muttenhofen** ❹. Auf der Teerstraße rechts bis kurz vor Eismannsdorf, an einer Windschutzhecke (Wegkreuz) links und auf dem ersten Feldweg gleich wieder rechts. Nördlich von Eismannsdorf erreichen wir eine Teerstraße, der wir nach links folgen. An einer kleinen Marienkapelle vorbei, die Straße Premerzhofen – Dürn kreuzen und zum Waldrand. Links auf einen Waldweg bis zu einer **Kreuzung** ❺, dort rechts und mit der Mark. JT hinunter nach **Breitenbrunn** und zurück zum Ausgangspunkt beim **Sportgelände** ❶.

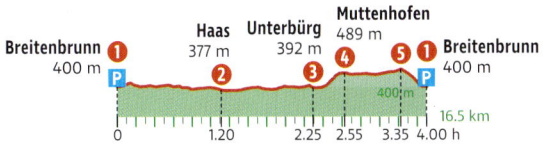

TOP 41
Die Wissinger Laber nördlich von Breitenbrunn

↗ 160 m | ↘ 160 m | 10.9 km
2.45 h

Am Fluss aufwärts und über die Hochfläche zurück

An Wasser herrscht in Breitenbrunn kein Mangel. Von Norden kommt die Wissinger Laber, aus einem Seitental mündet die Bachhaupter Laber und in der Sebastiansquelle bei der Wallfahrtskirche entspringt Quellwasser, dem Heilkräfte nachgesagt werden. Wasser ist das dominierende Element bei Wanderungen durch die Täler, die hier einsam und beschaulich sind.

Ausgangspunkt: Parkplatz nördl. von Breitenbrunn, 415 m, an der Straße Richtung Dürn, bei der Brücke über die Wissinger Laber. Navi: N49.091333, E11.608533. Alternativ Start bei der Bushaltestelle Breitenbrunn (Kr. NM), Schule.
Markierungen: Im Tal der Wissinger Laber gelbe Ww. »Heutalweg« (Nr. 3), danach hält man sich am besten an die Mark. gelber Streifen auf weißem Grund, Wanderweg ab Breitenbrunn Nr. 4.

Anforderungen: Beschauliche Runde mit überwiegend breiten Wald- und Wiesenwegen, wenige Steigungen.
Einkehr: Keine Möglichkeit.
Sehenswertes: Tal der Wissinger Laber; Wallfahrtskirche St. Sebastian; Sebastiansquelle.
Variante: Von der Straße Breitenbrunn – Dürn können wir auch dem Wanderweg auf der westlichen Talseite bis zur ersten Brücke folgen.

Vom **Parkplatz** ❶ an der Kreisstraße (NM 13) bei der Brücke über die **Wissinger Laber** auf einem breiten Weg (Ww. »Heutalweg«, Mark. Nr. 3) in ein beschauliches Tal, durch dessen Wiesen die Wissinger Laber mäandert. Die

Der schönste Rastplatz mit Blick auf die Sebastianskirche kommt am Schluss.

idyllische Flusslandschaft bietet vielfältige Lebensräume für Tiere und Pflanzen. Die Beschilderung »Heutalweg« wechselt bald auf die linke Talseite zu einem schönen **Rastplatz** ❷ mit Brunnen. Weiter durch den Talboden, bis man links auf einen parallel verlaufenden Waldweg (Mark. »Wasser- und Mühlenweg) wechseln kann. Der schöne Weg erreicht nach wenigen Minuten die **Aumühle** ❸, wobei man hier westlich des Baches dem Rad- und Wanderweg Richtung Wissing folgt.

Erst bei einem Holzpfosten mit der Mark. »Wasser- und Mühlenweg« rechts über die Laber und auf einem Wiesenpfad zu einer Straße, der man rund 250 m nach rechts bis zu einem Holzlagerplatz folgt. Hier zweigt links ein Wiesenweg ab, der aussichtsreich und gleichmäßig ansteigend die Hochfläche erreicht.

An einer Bank vorbei zu einer Teerstraße, auf dieser rechts und bei einem unleserlichen Holz-Ww. gleich wieder links in einen Feldweg (ab hier Mark. gelber Streifen auf weißem Grund), der in einem Bogen nach **Allersfelden** führt. Im Weiler rechts und immer geradeaus an den Waldrand, wo wir uns links (Ww. »Breitenbrunn«) halten. Den Mark. folgend nach **Langenried** ❹, dort auf der Teerstraße 90 m links und gleich wieder rechts zu einem Schuppen am Waldrand, vor dem links ein idyllischer Waldweg (Mark.) nach **Breitenbrunn** beginnt.

Am Ortsrand ein Stück nach rechts, dann links in die Ehgärtlstraße und am Ende rechts zu einer Kapelle mit Aussichtsbank und schönem Blick auf die Sebastianskirche. Durch den Breitenegger Weg Richtung Ort und über die Kemnather Straße auf einen Wanderweg (Mark. Nr. 2, 4), der die Hänge über dem Ort quert. Mit der Mark. Nr. 4 geht es zurück zum **Parkplatz** ❶.

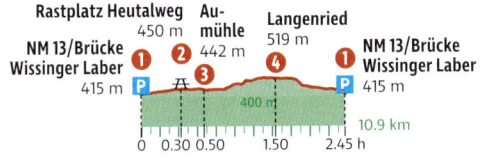

↗ 210 m | ↘ 210 m | 11.3 km

42 Von Breitenbrunn nach Buch

3.00 h

Stille Seitentäler der Wissinger Laber

Zum typischen Bild von Breitenbrunn gehört die Wallfahrtskirche St. Sebastian, die über den grünen Wiesen des Talbodens auf einem Felsen thront. Etwas versteckt liegt der Wildrosengarten Bucher Berg, in dem 25 teils seltene Wildrosenarten vorkommen. Auf dem rund 1,5 ha großen Gelände an den sonnigen Jurahängen nahe dem Internationalen Pfadfinderzeltplatz gibt es sogar einen Tastgarten für Sehbehinderte mit Stauden und Gehölzen.

Ausgangspunkt: Parkplatz zwischen Sportplatz und Unterer Markt, 400 m. Navi: 92363 Breitenbrunn, Dietfurter Str. Bushaltestelle: Alternativ Start in Breitenbrunn (Kr. NM), Schule.
Markierungen: Im Tal der Bachhaupter Laber gelbes Kreuz auf weißem Grund, ab Buch Nr. 1.

Anforderungen: Leichte Rundwanderung auf überwiegend breiten Fahrwegen.
Einkehr: Keine Möglichkeit.
Sehenswertes: Wildrosengarten mit ca. 25 verschiedenen Rosenarten am Bucher Berg; Wallfahrtskirche St. Sebastian, Sebastiansquelle.

Vom Parkplatz beim **Sportgelände** ❶ in **Breitenbrunn** folgen wir der Dietfurter Straße zum Marktplatz. Von dort gehen wir durch das Tor die Obergasse hinauf und biegen nach wenigen hundert Metern rechts in den Breitenegger Weg ein, von dem wir eine fantastische Aussicht über

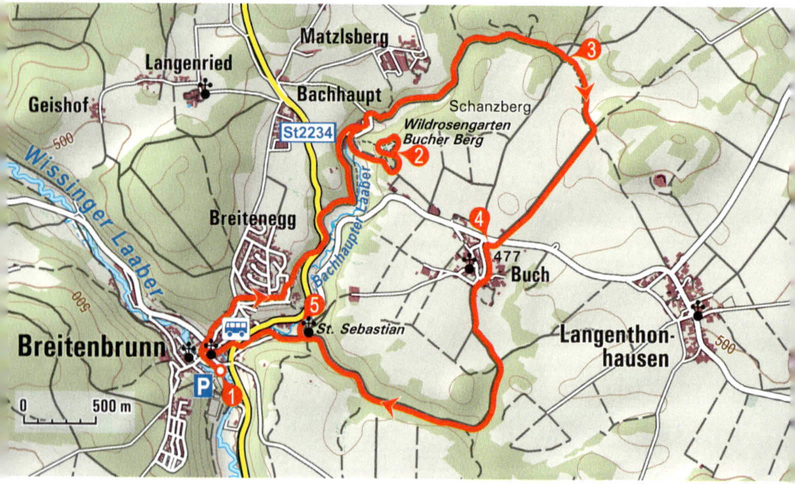

Die Wallfahrtskirche St. Sebastian ist das Wahrzeichen von Breitenbrunn.

Breitenbrunn und das Tal genießen und die **Burgruine Breitenegg** passieren. Beim Haus Nr. 6 folgen wir rechts einem schmalen Wiesenpfad hinunter zur Straße und gegenüber dem bequemen Rad- und Wanderweg durch das Tal zum höchst malerisch unter einem Felsen gelegenen Weiler Bachhaupt. Hier lohnt sich der Abstecher auf den **Bucher Berg** hinauf zum **Wildrosengarten** ❷, ehe wir durch das enge, immer einsamer werdende Tal weiterwandern. Nachdem wir den Wald hinter und unter uns gelassen haben, erreichen wir eine **Kreuzung** ❸, folgen einer Teerstraße 150 m nach rechts und biegen links auf einen Wiesenweg ab, der zu einer Rastbank mit Kreuz führt. Rechter Hand sehen wir bereits das Dörfchen **Buch** ❹, das wir auf einer Teerstraße erreichen. Auf der Hauptstraße kurz rechts, dann links und der Mark. Nr 1. (Ww. »Rosenweg«) durch den Ort folgen.

Am Ortsende geradeaus, bis am Waldrand die Mark. links in das abgelegene **Ehtal** führen, durch dessen Grund wir zur **Sebastianskirche** ❺ bei Breitenbrunn wandern. Die Wallfahrtskirche aus dem 14. Jh. steht auf einem Felsen über dem Tal und ist das Wahrzeichen von Breitenbrunn. Dem Wasser der Sebastiansquelle am Fuß der Kirche werden Heilkräfte, insbesondere für die Augen, nachgesagt. An einem von der Quelle gespeisten Kneippbecken vorbei (auch die Füße freuen sich über das Wasser) und durch die Bachwiesen flach und gemütlich wieder zurück nach **Breitenbrunn** und vom Marktplatz auf dem Hinweg zum **Parkplatz** ❶.

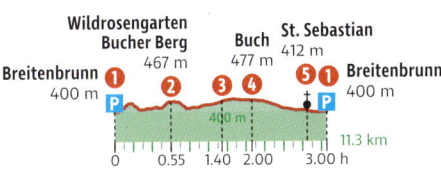

↗ 310 m | ↘ 310 m | 10.4 km

43 Roßkopf und Flügelsberg

2.45 h

Wacholderheiden und ein ehemaliges Kloster im Unteren Altmühltal

Meihern und Deising liegen mitten im Altmühltal, getrennt nur durch den Rhein-Main-Donau-Kanal; Altmühlmünster befindet sich etwas abseits davon in einem malerischen Seitental. Die Felsen von Roßkopf und Flügelsberg überragen die Gegend als lohnende Wanderziele.

Ausgangspunkt: Infopavillon am Ortseingang von Deising, 371 m. Navi: 93339 Riedenburg, Thanner Str. Alternativ Start bei der Bushaltestelle Meihern, Staatsstraße.
Markierungen: Ww. »Rosskopfsteig Cc« und »C«, teilw. Altmühltal-Panoramaweg, Ww. »Flügelsbergfelsen A«, ab Flügelsberg keine Markierungen.
Anforderungen: Wunderschöne Wanderung, mühsam sind nur der steile Anstieg auf den Flügelsberg und der Abstieg auf einem durch Regen teils unangenehm ausgespülten Weg nach Meihern.
Einkehr: Ghs. in Deising und in Meihern.
Sehenswertes: Petrusquelle unterhalb der Deisinger Kirche; Kühberg, gehört zu den fünf größten Jura-Hochflächenheiden in Bayern.

In **Deising** ❶ zum bereits sichtbaren Gasthaus »Zum Himmelreich« und dort rechts Richtung Zell. Am König-Ludwig-Denkmal vorbei, bis die Mark. »Roßkopfsteig« nach links weist. Durch den Wald bergauf an den Rand eines Wiesentälchens und links haltend (Mark.) ohne Orientierungsprobleme zum **Roßkopf** ❷. Die traumhafte Aussichtskanzel mit Rastbank wird auch Hohe Wacht genannt, denn in Kriegszeiten konnten Wachposten von hier die Umgebung überblicken und die Bewohner der umliegenden Dörfer bei Gefahr warnen. Weiter mit der Mark. auf die weitläufigen Wiesenflächen über Altmühlmünster. Über die herrliche, mit Wacholder und Kiefern durchsetzte Jura-Hochflächenheide zu einer Tafel zum Thema Magerrasen und den Spuren folgend geradeaus in die Wiese (nicht dem Kiesweg mit dem Altmühltal-Panoramaweg folgen!). Es geht noch ein Stück über die Hochfläche, bis die Spuren nach links abwärts führen und kurz darauf auf einen deutlich erkennbaren Steig treffen (Ww. »Altmühlmünster«), der hinab nach **Altmühlmünster** ❸ führt.

Blick vom Roßkopf ins Altmühltal.

Im stillen Seitental der Altmühl stand bereits um 800 ein erstes bescheidenes Benediktinerkloster. Talauswärts erreichen wir über **Eggmühl** (einst die Klostermühle) die Straße Deising – Thann. Diese überqueren wir und gehen gleich wieder links auf einem Feldweg parallel zur Straße nach Deising. Entlang der Straße durch den Ort und über die Altmühl zum Ww. »Flügelsbergfelsen A« in **Meihern** ❹, über dessen Häuser die markanten Felstürme des **Flügelbergs** ❺ thronen. Dem Ww. folgend rechts ab und auf schönem Steig durch einen Graben steil hinauf zur Straße, auf der man links haltend die aussichtsreiche Felskanzel erreicht, auf der einst die Flügelsburg stand. Diese wurde mehrmals zerstört und wieder aufgebaut, ehe sie 1491 bis auf die Grundmauern niederbrannte.

Zurück zur Straße, dann links in die Straße »Jurahöhe«, die aus der kleinen Siedlung Flügelsberg hinausführt zu einem abseits stehenden Bauernhof. Nach dem Hof gehen wir auf dem Feldweg zum Waldrand und nehmen dort den linken, etwas schlechteren Weg, der leicht abwärts in einen Graben führt. Auf dem durch Regenfälle teils ausgewaschenen Weg hinunter, nach etwa 1 km, am Beginn der Felder, links ab (Mark. »Jurasteig«) und oberhalb des Altmühltals über **Meihern** ❹ zurück nach **Deising** ❶.

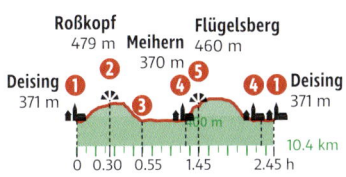

↗ 400 m | ↘ 400 m | 15.7 km

44 Zwischen Riedenburg und Gundlfing

4.30 h

Aussichtskanzeln über dem Altmühltal

Die Drei-Burgen-Stadt Riedenburg bietet eine attraktive Kombination aus Natur- und Kulturerlebnis. Nicht umsonst ist die »Perle des Altmühltals« ein beliebtes Ausflugsziel, und die Gäste kommen auch mit Schiffen, die direkt neben der Innenstadt anlegen.

Ausgangspunkt: Riedenburg, 358 m, Großparkplatz südl. oder kleiner Parkplatz nördl. des Main-Donau-Kanals, direkt an der Staatsstraße 2230. Navi: 93339 Riedenburg, Austr. Bushaltestelle: Großparkplatz/Zentrum, Riedenburg.
Markierungen: Ab der Schneider-Kapelle kurz vor der Kanzel über Gundlfing bis zum Anstieg aus dem Altmühltal »Altmühltal-Panoramaweg«. Im Anschluss Ww. »Riedenburg« (Nr. 6), ab der Katzensteigbrücke Nr. 1 (Ww. »Drei-Burgen-Steig«).
Anforderungen: Schöne Runde mit vielen Aussichtspunkten und genussreichen Wanderwegen. Sonniger Anstieg, dann schöner Wechsel mit schattigen Waldpassagen.
Einkehr: Nur am Touranfang/-ende Ghs. und Biergarten in Riedenburg.
Sehenswertes: Kristallmuseum Riedenburg mit der größten Bergkristallgruppe der Welt (3 x 2 m, 8 t), geöffnet von März bis Okt. tägl. 9–18 Uhr.
Tipps: Falkenhof Schloss Rosenburg mit Greifvogel-Flugvorführungen, Burg- und Falknereimuseum und Gastronomie, Ende März bis Oktober Di–So 10–17 Uhr (www.falkenhof-rosenburg.de). Sommerrodelbahn AltmühlBOB oberhalb des St.-Agatha-Badesees, von April bis Oktober tägl. 10–17.30 Uhr, im März nur an Wochenenden (www.altmuehlbob.com).

Über Riedenburg und dem Main-Donau-Kanal thront Schloss Rosenburg.

Vom **Großparkplatz** ❶ in **Riedenburg** überqueren wir die Altmühl auf der St.-Anna-Brücke und folgen der Straße (St.-Anna-Platz) weiter in den Jachenhauser Weg. Stetig bergauf und am oberen Ortsrand rechts. Hier könnte man abkürzend der Mark. des Altmühltal-Panoramawegs folgend direkt zur Schneider-Kapelle aufsteigen. Schöner ist jedoch der Abstecher zum Schwammerl, wobei wir hier die längere Variante wählen. Also nicht dem Ww. zum Schwammerl folgen, sondern der Mark. 13 (Ww. »Emmerthalgrund«). Der Weg quert immer oberhalb der Häuser die Hänge und erreicht schließlich die Straße Riedenburg – Jachenhausen. Auf dieser kurz bergab und links auf einen kleinen Parkplatz. Die dort beginnende Forststraße begleiten wir 20 m, dann schwenken wir links auf einen Pfad (Ww. »Schwammerl«), der uns in Serpentinen durch die schönen Wiesen bergauf führt zu dem bereits von unten sichtbaren Sendemast und zum **Schwammerl** ❷ genannten Pavillon mit Bank und Liegestuhl, wo man einen wunderbaren Blick auf Riedenburg genießt.

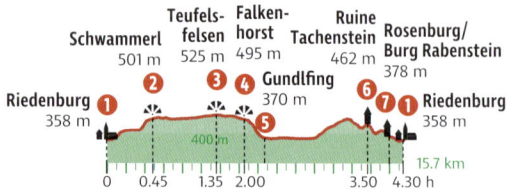

Dahinter auf dem jetzt breiteren Weg bis zur Straße nach Jachenhausen, die man geradewegs quert, um die gegenüberliegende Schneider-Kapelle zu erreichen. Mit der Mark. des Altmühltal-Panoramawegs ohne Orientierungsprobleme zur Kanzel, einem lohnenden Aussichtspunkt auf einem Felsvorsprung, und weiter durch Wald und Wiesen Richtung Norden zur Startrampe für Drachenflieger am **Teufelsfelsen** ❸ mit traumhaftem Ausblick über das Altmühltal, auf Badesee, Schleuse und die Sommerrodelbahn. Nach wenigen Metern halten wir uns beim Schild Landschafts-Schutzgebiet an den Ww. »Falkenhorst, Gundlfing« und folgen der Mark. Altmühltal-Panoramaweg zum Ww. »Falkenhorst, Aussicht«. Der mit Geländer gesicherte Felsvorsprung des **Falkenhorsts** ❹ mit Bank und Traumaussicht ist einen Abstecher wert. Nach 150 m heißt es aufpassen, um die Abzweigung (Ww. »Gundlfing«, Mark. »Altmühltal-Panoramaweg«) nicht zu verpassen. Ein wunderschöner Steig führt links an einem Felsriff vorbei hinunter ins Altmühltal.

Am Ortsrand von **Gundlfing** ❺ links, dann den Mark. des Altmühltal-Panoramawegs folgend durch den kleinen Ort. Durch eine Unterführung auf

Die im Wald versteckte Katzensteigbrücke.

Bei der Ruine Tachenstein öffnet sich der Blick auf Riedenburg.

die andere Straßenseite und über die Brücke Richtung »Haidhof, Sommerrodelbahn« und damit auf die südliche Kanalseite. Dort leitet nach wenigen Metern die Mark. des Altmühltal-Panoramawegs nach rechts. Auf einem breiten Weg entlang des Altwassers der Altmühl, später mit Blick auf den Main-Donau-Kanal zu einer Bank mit Tisch. Kurz danach mit der Mark. nach links auf eine Wiese und durch ein Tälchen bergauf zu einer Wegkreuzung. Links, dann gleich wieder links (Ww. »Riedenburg«) und durch Wald, teils auch am Waldrand entlang, zu einem Umspannwerk. Kurz davor mit der Mark. rechts, wenige Meter nach den am Wegrand stehenden Strommasten links in den Wald und bergab zur Katzensteigbrücke. An dieser vorbei und nach wenigen Metern rechts (Ww. »Tachenstein, Drei-Burgen-Steig«) durch den mit Felsen durchsetzten Buchenwald zum Felssporn des Kreuzfelsens. Kurz darauf kommt man an den alten Steinmauern der **Ruine Tachenstein** ❻ vorbei (Betreten wegen Steinschlaggefahr verboten), folgt der Mark. Nr. 1 bergab in die Burgstraße und gegenüber wieder bergauf zur Rosenburg. Auf der Teerstraße leicht abwärts, am Ende des Busparkplatzes links in einen Weg, der um die **Rosenburg** herum zur **Burg Rabenstein** ❼, der ältesten der drei Burganlagen, führt.

Auf dem Weg und dann auf der Burgstraße, vorbei an der Kirche St. Johannes Baptist, gelangen wir in **Riedenburg** hinunter zum Main-Donau-Kanal und dort links zurück zum **Parkplatz** ❶.

↗ 410 m | ↘ 410 m | 12.8 km

45 Von Riedenburg zum Schloss Prunn

3.30 h

Traumhafte Aussichtspunkte, imposante Felsen und fotogene Burgen

Der sehenswerte Ortskern von Riedenburg mit dem Marktplatz und seinen kleinen Gassen wird malerisch von der Rosenburg sowie den beiden Ruinen Rabenstein und Tachenstein überragt. Mitten durch die Stadt zieht der Main-Donau-Kanal mit Schiffsanleger.

Ausgangspunkt: Ausgangspunkt: Riedenburg, 358 m, Großparkplatz südl. oder kleiner Parkplatz nördl. des Main-Donau-Kanals, direkt an der Staatsstraße 2230. Navi: 93339 Riedenburg, Austr. Bushaltestelle: Großparkplatz/Zentrum, Riedenburg.
Markierungen: Zwischen Lintlhof und Nusshausen Nr. 14, ab dem Naturwaldreservat Klamm zusätzlich Altmühltal-Panoramaweg. Zurück bis oberhalb von Riedenburg Nr. 17 und I.
Anforderungen: Die Rundtour enthält mehrere steilere An- und Abstiege, das anspruchsvollste Stück im Naturwaldreservat Klamm ist jedoch gut befestigt und gesichert.
Einkehr: Ghs. in Riedenburg; Burgschenke Schloss Prunn.
Sehenswertes: Naturwaldlehrpfad Klamm; Schloss Prunn, Führungen von April bis Oktober tägl. 9–18 Uhr, November bis März Di–So 10–16 Uhr; Kristallmuseum Riedenburg mit der größten Bergkristallgruppe der Welt (3 x 2 m, 8 t), von März bis Oktober tägl. 9–18 Uhr.

Viel besucht und häufig fotografiert: Schloss Prunn über dem Altmühltal.

Vom **Großparkplatz** ❶ in **Riedenburg** gehen wir durch die Altstadt in die Mühlstraße und biegen vor Forst's Landhaus links ab, wo uns eine Unterführung die gefahrlose Querung der Straße ins Schambachtal ermöglicht. Gegenüber in den Kreuzweg (Ww.), der in Serpentinen zu zwei Bänken unter einem Wegkreuz führt. Rechts haltend weiter nach **Lintlhof**, am Ortsschild gleich links in einen Wiesenweg und auf diesem zu einer Weggabelung, wo wir uns links halten und geradeaus in den Wald hineingehen. Nach wenigen Metern führt ein Abstecher links zum **Dichterfelsen** ❷ mit seiner schönen Aussicht (Ww.), danach weiter auf dem Waldweg zu einer kleinen Marienkapelle. Auch dort ist links nochmal ein kurzer Abstecher zu einem wunderbaren Aussichtspunkt möglich (Mark. Nr. 14).

Weiter über eine Wiese zur Straße, auf dieser 170 m nach links und dann auf einen schmalen Wiesenstreifen zwischen Wald und Straße wechseln. Nach 30 m führt links ein Pfad in den Wald (Mark. Nr. 14). Er bringt uns bis zu einer Forststraße, der wir rund einen Kilometer abwärts zu einer Kehre folgen. Dort wählen wir den nach rechts abzweigenden Pfad (Mark. »Altmühltal-Panoramaweg«), betreten das **Naturwaldreservat Klamm** (Infotafel) und gehen auf einem bereits 1869 gebauten, zum Teil mit Geländer gesicherten Steig im Auf und Ab durch wildromantische Felslandschaften zu einem **Aussichtsfelsen** ❸ mit Traumblick auf das gegenüberliegende Schloss Prunn. Nun durch den Wald abwärts (Mark. »Altmühltal-Panoramaweg«) zu einer Infotafel, weiter über eine Wiese zu einer Kapelle und auf dem Radweg rechts nach **Einthal**, wo wir auf einer Brücke die Talseite wechseln. Links haltend kommen wir zu den Häusern von **Nußhausen** und steigen nach

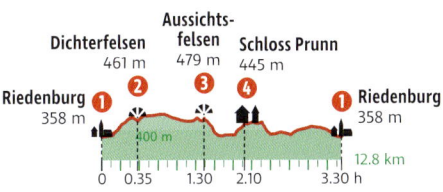

Der bereits 1869 erbaute Klammsteig führt durch ein kleines Felslabyrinth.

der Hausnummer 5 rechts bergauf (Ww. »Burg Prunn«) bis zu einem steilen Kiesweg. Auf diesem gelangen wir rechts haltend zum **Schloss Prunn** ❹, das fotogen auf einem 60 m hohen Felsen über dem Tal thront.
Zurück bei der Abzweigung führt die Mark. Nr. 17 (Ww. »Felspartieweg Friedrichsruh nach Prunn«) am Hang entlang zu einem Felsen mit riesigem Überhang (Friedrichsruh), durch den mehrere extreme Kletterrouten führen. Weiter nach **Prunn** und in den Scheibelweg. Am Ende der Straße beginnt ein wunderbarer Weg, der am Waldrand entlang Richtung Riedenburg zur Straße nach Jachenhausen führt. Vor Erreichen der Straße kurz bergauf (Ww. »Emmerthalgrund, Riedenburg«) und nach einem Holzstadl schräg links über die Wiese zum Waldrand. Auf dem schönen Weg zu einem Parkplatz und zur Straße nach Jachenhausen. Auf ihr kurz bergauf und erst nach Passieren der Abzweigung nach Riedenburg links auf einen Wiesenweg, der in der Sonnenleite das Wohngebiet erreicht, durch das wir ins Tal spazieren.
In **Riedenburg** überqueren wir auf der St.-Anna-Brücke den Main-Donau-Kanal. Dahinter kommen wir entweder links zur nächsten Eisdiele bzw. zum schönen Marktplatz oder rechts zurück zum **Parkplatz** ❶.

↗ 190 m | ↘ 190 m | 10.6 km

3.00 h

Erlebnispfad Juralandschaft in Essing — 46

Karge Trockenrasen, geheimnisvolle Höhlen, eindrucksvolle Felsen und eine blaue Karstquelle

Essing bietet alles, was das Altmühltal so liebenswert macht und was man mit dem Naturpark verbindet: Unter imposanten Felsen ducken sich die Häuser des malerischen Orts, über den Dächern thront eine Burgruine, unter den Dächern glänzt das blaue Wasser in einem ruhigen Seitenarm der Altmühl. Zum Markt Essing gehören auch Trockenrasenhänge, Höhlen, Kletterfelsen und der Rhein-Main-Donau-Kanal. Wissenswertes über Essing erfährt man auf dem Erlebnispfad Juralandschaft mit seinen elf Stationen, dem wir auf dieser Wanderung abschnittsweise folgen.

Ausgangspunkt: Parkplatz an der Straße (St 2230) zwischen Essing und der Holzbrücke, 351 m. Navi: N48.936643, E11.786191. Bushaltestelle: Essing, Alte Holzbrücke.
Markierungen: Ww. »Erlebnispfad Juralandschaft«, ab Klausenhöhle bis Brücke auch Nr. 16 und A, ab Schulerloch Ww. »Essing«.
Anforderungen: Einfache Wanderung auf teils schmalen, aber guten Wegen.

Einkehr: Ghs. in Essing; Biergarten in Altessing; Terrassencafé Schulerloch.
Sehenswertes: Bruck und Bruckturm; Marktbrunnen; Blautopf; Klausenhöhle; Ludwig-Donau-Main-Kanal mit der Allee; Tropfsteinhöhle Schulerloch, Führungen von Ende März bis Anfang November alle halbe Stunde 10–16 Uhr, von Mai bis Mitte September bis 17 Uhr (www.schulerloch.de); Burg Randeck, April bis Oktober 9.30–18 Uhr.

Mit elegantem Schwung überquert der »Tatzlwurm«, eine der längsten Holzbrücken Europas, den Kanal bei Essing.

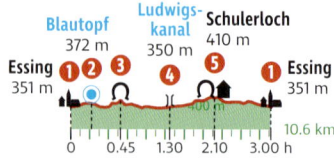

Vom **Parkplatz** ❶ geht es zur bereits sichtbaren Holzbrücke über den Altwasserarm der Altmühl, die zum fotogenen Gesamtbild von **Essing** gehört wie der Bruckturm dahinter mit seinem geschindelten Zeltdach. Über die 46 m lange Brücke erreicht man durch das Tor des Bruckturms den Marktplatz von Essing, auf dem der Marktbrunnen steht, aus dem über Jahrhunderte das Trinkwasser geholt wurde. Wir folgen dem Ww. »Erlebnispfad Juralandschaft« nach links ans Ortsende und rechts auf einen Steig (Ww.), der leicht ansteigend durch einen Trockenrasen verläuft. Kurz danach in den Wald und in leichtem Auf und Ab oberhalb des Tals durch den Hang, bis man bei einem Geländer links unten den **Blautopf** ❷, eine typische Karstquelle für den Jura, erblickt. Die Quelle speist heute den noch vorhandenen Arm der Altmühl bei Essing.

Weiter zu einem Kiesweg, links bergab (Ww. »Weihermühle« und »Erlebnispfad Juralandschaft«) auf eine Teerstraße und links zur Weihermühlkapelle, die gebaut wurde, als 1692 die Quelle aus unerklärlichen Gründen versiegte. Leider ist aufgrund von Neubauten der Zugang zur Quelle von hier derzeit nicht mehr möglich. Auf der Straße noch ein kurzes Stück weiter und über den »Tatzlwurm« – mit 193 m eine der längsten Holzbrücken Europas – auf die südliche Talseite. Schräg links auf Spuren über die Wiese in den Wald und auf dem Weg rund 400 m nach links zu einer Wegkreuzung – ein kurzer Abstecher führt rechts zu den zerklüfteten Felsen der **Klausenhöhlen** ❸, die alle unter den Bäumen versteckt liegen und von außerhalb nicht einmal zu erahnen sind. Während der Würmeiszeit suchten die Menschen in den Höhlen in und um Essing Unterkunft und Schutz, wie Funde aus der Klausenhöhle belegen.

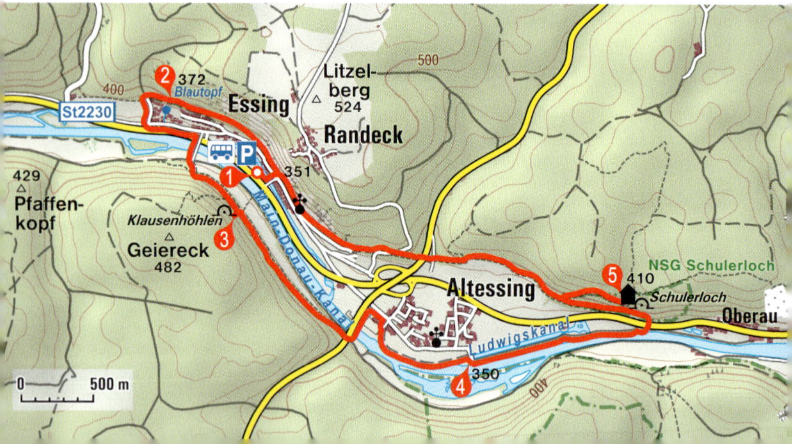

Geheimnisvoll: das glasklare Quellwasser des Blautopfs.

Auf dem traumhaften Wanderweg (Ww. »Erlebnispfad Juralandschaft«) weiter zu einer Brücke, auf der wir die Kanalseite wechseln und links hinuntergehen zur Schellnecker Straße. Mit dem Ww. »Erlebnispfad Juralandschaft« nach rechts zu einer Kreuzung, rechts abbiegen und vor dem Fußballplatz links dem Ww. »Tropfsteinhöhle Schulerloch« folgen. Entlang des Main-Donau-Kanals und über eine **Brücke** auf den Damm zwischen dem alten Ludwig-Donau-Main-Kanal, kurz **Ludwigskanal** ❹, und dem Neuen Kanal. Der Weg führt durch eine wunderschöne Allee mit Blick auf die Laubwälder, die die Hänge des Altmühltals bedecken und aus denen Felsköpfe wie Pilze wachsen, und nähert sich der Straße bis auf wenige Meter. Dort abzweigen, über die stark befahrene Straße und auf den hinter einer Hecke verlaufenden Weg, der links zum **Schulerloch** ❺ führt. Auf dem traumhaften Weg durch Buchenwald hinauf zur Höhle, die einen Besuch wert ist.

Im Abstieg in der Kehre nach rechts (Ww. »Essing«) auf einen wunderschönen Pfad, der oberhalb des Altmühltals entlangführt. Bei der zweiten Teerstraße gehen wir wenige Meter nach links, um gleich darauf rechts dem Ww. »Essing« zu folgen, der uns zum Marktplatz von **Essing** und zum **Parkplatz** ❶ führt.

TOP 47

↗ 330 m | ↘ 330 m | 17.9 km
4.45 h
🚌 ✕

Trockenrasen um Altmannstein

Abwechslungsreiche Wanderung durch idyllische Täler

Der Markt Altmannstein ist der größte Ort des idyllischen Schambachtals und Mittelpunkt des einstigen Hopfenanbaugebiets Jura/Altmannstein zwischen Altmühl und Donau, das seit 1992 zur Hallertau, dem größten Hopfenanbaugebiet der Welt, gehört. Die zum Teil felsdurchsetzten Hänge zwischen der Albhochfläche und dem Schambachtal sind die Heimat von sehenswerten Mager- und Trockenrasen, die man in dem rund 24 ha großen Naturschutzgebiet Kreutberg besonders schön erleben kann.

Ausgangspunkt: Wanderparkplatz Altmannsteiner Grund, 389 m, nahe dem Schwimmbad. Navi: 93336 Altmannstein, Ingolstädter Str. Bushaltestelle: Altmannstein, Marktplatz.
Markierungen: Am Galgenberg die Nr. 5, im Wacholdertal Nr. 3 und im Naturschutzgebiet Kreutberg die Nr. 2. Ab dem Wachturm mit der Nr. 1 zurück zum Parkplatz. Dazwischen lange Abschnitte ohne Mark.
Anforderungen: Abwechslungsreiche Wanderung, wobei für die schmalen Pfade am Galgenberg, Kreutberg und über dem Altmannsteiner Grund im Sommer aufgrund von hohem Gras und Brennnesseln lange Hosen zu empfehlen sind.
Einkehr: Ghs. in Altmannstein; Ghs. Schambachtaler Gemütlichkeit in Sollern.
Sehenswertes: Wacholdertal; Naturschutzgebiet Kreutberg; Burgruine Altmannstein, zugänglich von April bis Oktober tgl. 10–19 Uhr; Ignaz-Günther-Museum, geöffnet von Mai bis Oktober So 10.30–12 Uhr (www.altmannstein.de).
Tipp: Bei Tettenwang gibt es einen Hopfenlehrpfad.

Das Naturschutzgebiet Kreutberg begeistert nicht nur Romantiker.

Beim **Wanderparkplatz** ❶ in **Altmannstein** gehen wir über die Straße zur »Mitfahrer Haltestelle« und links in einen Wiesenpfad, der parallel zur Straße in den Tettenaggerer Grund führt. Nach rund 350 m zieht der Pfad hinauf zur Hochfläche des **Galgenbergs**, die er kurz vor einer einzelnen Linde mit Marterl, Bank und Tisch erreicht. Hier im spitzen Winkel nach rechts und am Rand der Hochfläche, direkt über den steilen Trockenrasenhängen zu einer kleinen **Unterstandshütte** ❷ mit schönem Blick über Altmannstein. Wir halten uns links und gehen leicht bergab auf eine Teerstraße, die hinunterführt nach **Sollern** ❸. An der Kirche vorbei zur Straße, von der 60 m weiter links ein schöner Pfad durch die Trockenrasenhänge bergauf führt. Nach dem kurzen Anstieg erreicht man bei einem auffallenden Stein die Hochfläche, auf der man im spitzen Winkel nach rechts geht.

Man folgt dem Rand des Plateaus damit annähernd parallel zum Anstieg und zur Straße bis zum Waldrand (Mark. »Limesweg«) und geht dort den Weg hinunter ins **Steinertal**. Auf einer Forststraße links durch das abwechslungsreiche Trockental aufwärts, bis man nach gut 2 km rechts in einen

Der Eingang zum Wacholdertal ist mit einem Holzschild gut markiert.

geteerten Feldweg biegt. Am Ende des geteerten Abschnitts links haltend zu einer großen Hecke, vor der man rechts abbiegt und den Fahrspuren folgt, die am Waldrand entlangführen. Kurz darauf geht es geradeaus in den Wald, um schließlich nach 1 km die Felder nördl. von Berghausen zu erreichen. Rechts am Waldrand entlang und hinunter zu einem Hopfenfeld, an dessen Rand wir 300 m geradeaus weitergehen und unten links auf einen Feldweg wechseln, der leicht bergab zum bereits sichtbaren Wanderparkplatz führt.

Dort (Ww.) beginnt der Weg ins **Wacholdertal** ❹, der uns traumhaft schön am Rand der Magerrasen des als Naturdenkmal ausgewiesenen Trockentals zur **Hanfstinglmühle** ❺ bringt. Vor einem kleinen Parkplatz schwenken wir rechts auf den Rad- und Fußweg, der auf einer ehemaligen Bahntrasse Richtung Altmannstein führt. Bei einer Talverengung nach rund 1,3 km, kurz bevor der Weg an einer Felswand entlangführt, folgen wir den Spuren links über die Wiese (Mark. Nr. 2) und erreichen nach einer Brücke die Straße. Auf der anderen Seite auf einem schmalen Pfad parallel zur Straße zu einem Parkplatz mit Informationstafel über den Rundwanderweg im Naturschutzgebiet **Kreutberg** ❻, der durch eine der schönsten Landschaften des Schambachtals führt. Vom Parkplatz dem Ww. folgend bergauf und auf halber Hanghöhe durch die mit Wacholderbüschen und kleinen Felsgruppen durchsetzten Halbtrockenrasen.

Nach einer Bank mit schöner Aussicht geht es hinunter in das Tälchen und gegenüber wieder bergauf zu den ersten Häusern von **Altmannstein**. Durch die Straße Zum Kreutberg zur Hagenhiller Straße und gegenüber in die Straße Am Schloßberg, auf der wir die **Burgruine** ❼ erreichen.

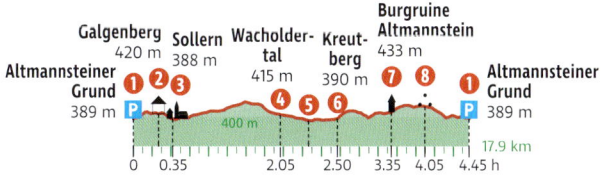

Anschließend ein paar Meter zurück und rechts in die Graf-Niklas-Straße. Vor dem ersten Haus auf der rechten Straßenseite rechts leicht bergauf und kurz unterhalb einer Bank halb links. An einer Streuobstwiese vorbei zu einem Stadel und einer Wegkreuzung. Wir folgen dem Teerweg nach rechts, halten uns bei einer Weggabelung nach 250 m links und gehen an einer Photovoltaikanlage vorbei zum Waldrand, wo ein Marterl steht. Gleich danach rechts und mit der Mark. des Limeswegs zu den Resten eines **Römischen Wachturms** ❽. Kurz davor zweigt im spitzen Winkel nach links ein Weg ab, der mit der Mark. 1 in den Tettenaggerer Grund führt. Kurz vor Erreichen der Teerstraße mit der Mark. rechts auf einen schönen Steig, der in leichtem Auf und Ab etwas oberhalb des Tettenaggerer Grunds verläuft. Überwiegend durch schattigen Wald, vorbei an den Felsen der »Zwölf Apostel«, zurück zum Ausgangspunkt am **Wanderparkplatz** ❶.

Die Burgruine über dem kleinen Ort Altmannstein.

↗ 250 m | ↘ 250 m | 12.3 km

48 Zum Kloster Weltenburg

3.15 h

Zu beiden Seiten des Donaudurchbruchs

Deutschlands bedeutendstes Durchbruchtal entstand durch einen Zufall. Vor über 130.000 Jahren musste sich die Donau ein neues Flussbett suchen und bahnte sich einen Weg durch das Juragebirge. Bis zu 100 Meter hohe Kalkwände begrenzen die nur 70 Meter breite Weltenburger Enge, die sich tief zwischen die dichten Mischwälder eingeschnitten hat. Das beeindruckende Bild vervollständigt das auf einer Landzunge in der Donau errichtete Kloster Weltenburg. Bayerns ältestes Kloster, um 600 gegründet, ist mit der sehenswerten Barockkirche der Gebrüder Asam ein beliebtes Ausflugsziel – nicht zuletzt wegen des lauschigen Biergartens im Innenhof und des dunklen Weltenburger Bieres aus der ältesten Klosterbrauerei der Welt (seit 1050).

Ein bayerisches Gesamtkunstwerk: Kloster Weltenburg am Donaudurchbruch.

Ausgangspunkt: Kelheim, Parkplatz Donauvorland (oder Wöhrdplatz, beide gebührenpfl.) beim Schiffsanleger Donau, 343 m. Navi: 93309 Kelheim, Wöhrdplatz. Bushaltestelle: Wöhrdplatz/Zentrum, Kelheim.
Markierungen: Kelheim bis Kloster Weltenburg Altmühltal-Panoramaweg, dann grünes Quadrat auf weißem Grund sowie Ww. »Kelheim«.
Anforderungen: Wer die Hohe Wand auf dem Radlweg umgeht, bewegt sich durchwegs auf angenehmen, breiten Wegen. Beim Anstieg auf die Hohe Wand schmaler, aber gut zu gehender Steig.

Einkehr: Klosterschenke Weltenburg; Ghs. in Kelheim; Einsiedelei Klösterl.
Sehenswertes: Donaudurchbruch; Kloster Weltenburg; Altstadt von Kelheim mit dem imposanten Bauwerk der Befreiungshalle auf dem Michelsberg, geöffnet von Mitte März bis Okt. tägl. 9–18 Uhr, von Nov. bis Mitte März tägl. 9–16 Uhr.
Tipp: Besonders eindrucksvoll ist der Donaudurchbruch vom Schiff aus (Mitte März bis in den Okt.), am besten von Kelheim zum Kloster. Gegen die Strömung dauert die Fahrt länger (ca. 40 Min.) und man hat mehr davon (www.schifffahrt-kelheim.de).

In **Kelheim** führt die Wanderung vom **Parkplatz** ❶ zunächst an den Schiffsanlegestellen vorbei neben der Donau flussaufwärts zum **Klösterl** ❷, wo sich das Tal zum ersten Mal verengt. Auf der gegenüberliegenden Flussseite sehen wir den Aussichtspunkt Wieserkreuz, der aus dem Waldgürtel ragt – wir werden auf dem Rückweg bei ihm vorbeikommen. Zunächst aber wandern wir immer am Fluss entlang, ignorieren dabei die nach rechts weisende Mark. am Ende einer schönen Wiese und stehen zuletzt bei einer Kiesbank vor mauerglatten Felswänden, die direkt aus dem Fluss aufsteigen und bei denen der Weg endet.

Die Weltenburger Enge: eindrucksvoll vom Donauufer ...

Hier ist kein Weiterkommen, daher wandern wir rund 50 m zurück zu einer Bank und folgen dort den Stufen eines Pfads bergauf – kurz darauf ist von einem Felskopf ein erster imposanter Tiefblick zur Donau möglich – bis auf die Hochfläche. Durch den schönen Laubwald, immer in Nähe des Abbruchs der Langen Wand, erreicht der Steig kurz darauf wieder einen breiteren Weg (ab hier wieder Mark.), dem wir nach links zu einem Damm folgen. Wir befinden uns hier am südlichen Beginn des 2000 Jahre alten Äußeren Keltenwalls über der Donau, der 3,3 km in nördlicher Richtung bis zum Altmühlufer reicht. Links können bzw. sollten wir einen kurzen Abstecher zu einer Aussichtskanzel mit Traumblick zum Kloster Weltenburg machen, ansonsten folgen wir dem Weg geradeaus. In Serpentinen hinunter zu einer Straße und bergab zur Donau und zur Fähre (fährt ab Ostern bis 1. November täglich außer bei Dauerregen).

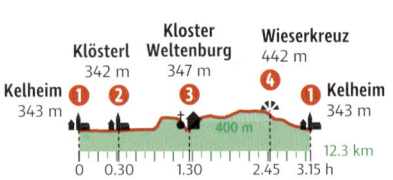

Sollte die Überfahrt mit der Personenfähre nicht möglich sein, muss man auf der Straße bis Stausacker gehen und dort die kleine Autofähre nehmen (vom 1. April bis 31. Okt. 8–17 Uhr, plus 1,7 km).

Beim **Kloster Weltenburg** ❸ angekommen, gibt es keine Ausrede: Der

Weg führt direkt durch den traumhaften Biergarten im Innenhof der barocken Klosteranlage – und hier bleibt wohl jeder gerne hängen. Zu schön ist die Rast an einem der Holztische unter dem Schatten spendenden Laubdach mächtiger Kastanienbäume.

Nach der Brotzeit verlassen wir den Biergarten rechts der Kirche durch einen Torbogen (Ww. »Kelheim über Wieserkreuz, S2«). Steil bergauf und über eine Wiese geht es zu einer Bank mit Kreuz, bei der wir links abzweigen (Ww. Kelheim) und am Waldrand entlang eine Tafel über die vorgeschichtliche Besiedelung des Frauenbergs erreichen. An einem noch deutlich erkennbaren Wall vorbei leitet die Mark. durch den Wald, dann über eine Wiese zu einer Teerstraße, die links zu einer Bank mit Tisch führt.

Wir folgen dem Ww. »Wieserkreuz, Kelheim« nach links

... und vom Schiff aus.

und kommen so in einen herrlichen Buchenwald. Immer den Mark. folgend gehen wir durch den Wald, wobei der Wanderweg immer geradeaus führt und zwischen Forst- und Waldweg wechselt, während sich der ausgeschilderte Radlweg ausschließlich an den Forstweg hält und dabei auch einige Schleifen mitnimmt. Kurz bevor die Straße Weltenburg – Kelheim ins Blickfeld kommt, gehen wir auf einem kleinen Pfad links durch den Wald (Mark.) zur Aussichtskanzel **Wieserkreuz** ❹ direkt über der Donau.

Nun rund 40 m zurück und links hinunter zum schön eingewachsenen Friedhof, den wir rechts haltend umrunden (Mark.). Vor Erreichen der Straße links zu den Friedhofsgebäuden und an ihnen rechts vorbei über den Parkplatz zur Einfahrt und zu einem Weg, der aussichtsreich hinunterführt nach **Kelheim**. Auf der Maximiliansbrücke überqueren wir die Donau und steigen links über Stufen zum **Parkplatz Donauvorland** ❶.

↗ 90 m | ↘ 90 m | 11.7 km

49 Im Tal der Schwarzach

3.00 h

Die Schwarzachschlucht und der Ludwig-Donau-Main-Kanal

Erst Ludwig I., König von Bayern, verwirklichte den über 1000 Jahre alten Traum einer Wasserstraße vom Rhein zur Donau und damit von der Nordsee zum Schwarzen Meer. Möglich wurde dies durch den Bau des nach ihm benannten Ludwig-Donau-Main-Kanals, der 1846 eröffnet wurde. Bis 1863 wurden jährlich bis zu 200.000 t Güter auf bis zu 32 Meter langen und 4,5 Meter breiten Kanalschiffen, die maximal 120 t aufnehmen konnten und von Pferden auf den seitlichen Treidelwegen gezogen wurden, transportiert.

Ausgangspunkt: Parkplatz bei der Waldschänke Brückkanal, 354 m. Navi: 90537 Feucht, Am Brückkanal.
Markierungen: Teilw. Ww., Strecke am Kanal und durch die Schlucht klar vorgegeben und beschildert, in der Schlucht Mark. blaues Kreuz auf weißem Grund.
Anforderungen: Leichter Spaziergang, am Kanal mit Kinderwagen möglich, in der Schlucht teilweise recht schmaler Steig.
Einkehr: Unterwegs keine; Waldschänke Brückkanal (Mo Ruhetag).
Sehenswertes: Ludwig-Donau-Main-Kanal; Brückkanal Schwarzach und Gauchsbach; Schwarzachschlucht.

Vom Parkplatz rechts der **Waldschänke Brückkanal** ❶ auf den Rad- und Wanderweg auf dem Damm des Ludwig-Donau-Main-Kanals. Wer Zeit hat, nimmt die Schleife nach Röthenbach mit, die an einem besonders schönen Teilstück des Kanals, auf dem sogar Seerosen blühen, entlangführt. Am Damm rechts, kurz danach Autobahn und ICE-Trasse querend zu einem Kanalwärterhaus und einer alten Straßenbrücke bei **Röthenbach** ❷. Auf der südlichen Seite des Kanals zurück bis zum Brückkanal auf Höhe des

Biergartens. Das 90 m lange Bauwerk mit einer Bogenhöhe von 17,4 m führt den **Ludwig-Donau-Main-Kanal** über den Einschnitt der Schwarzach und wurde 1839–41 erbaut. Insgesamt gab es einst zehn Brückkanäle, auf denen der 173 km lange Ludwigskanal auf Brücken über Flüsse geführt wurde; heute existieren nur noch jene über den Gauchsbach und die Schwarzach. Der 15,8 m breite Kanal verengt sich auf den Brücken auf 6,2 m, auch die seitlichen Treidelwege sind mit 1,7 m um ein Viertel schmaler.

Vor dem Brückkanal über die Schwarzach wechseln wir am besten die Seite (nicht zwingend, es gibt mehrere Schleusen). Auf der Nordseite der alten Wasserstraße wandern wir 2,5 km bis zur **Schleuse 52** ❸ und der Infotafel 16. Dort links und dem Kiesweg unterhalb der Stromleitung folgend zu

Ideal zum Wandern: die Treidelwege seitlich des Ludwig-Donau-Kanals.

einer Straße, die links hinab ins Schwarzachtal und nach **Schwarzenbruck** führt. Auf der anderen Talseite kurz bergauf, links in den Hirtenweg (Ww. »Wanderweg Schwarzachtal«) und auf dem Wanderweg ins Schwarzachtal. Zweimal den Fluss überqueren, dann auf der rechten Flussseite in die idyllische Schwarzachschlucht mit ihren Höhlen, Felstoren und Steilwänden. Auf Höhe des Kraftwerks muss man die Schlucht kurz verlassen und auf dem Felsenweg das Flusskraftwerk Gsteinach umgehen. Gleich danach geht es wieder hinunter zum Fluss und zum interessantesten Abschnitt der in den Burgsandstein eingegrabenen Schlucht. Abwechslungsreich führt der Steig zwischen der Schwarzach und den Felsen entlang, passiert die **Karlshöhle** ❹ und erreicht kurz vor dem **Brückkanal** über Stufen wieder den Biergarten der **Waldschänke** ❶.

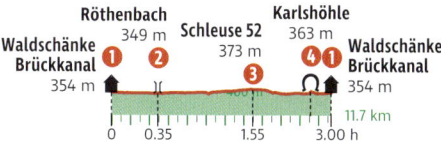

↗ 320 m | ↘ 320 m | 13.5 km

50 Natur pur bei Neumarkt

3.30 h

Durch einsame Wälder ins traumhafte Lengenbachtal

Am Südrand von Neumarkt prägen ausgedehnte Gewerbeansiedlungen das Landschaftsbild, doch gleich daneben begeistert Natur pur. Über mächtigen Buchen thront hoch über Neumarkt etwa die Wallfahrtskirche Mariahilf und gleich dahinter versteckt sich mit dem Lengenbachtal ein landschaftliches Kleinod. Ein sanftes Wiesental mit einem überfluteten Talboden bei der Wallfahrtskirche Maria Lengenbach und Trockenhängen im oberen Abschnitt, mit einzelnen Quellen an der Grenze zu darunter liegenden Tonschichten, mit Kiefern, seltenen Blumen und einer reichhaltigen Fauna. So findet man hier neben diversen Schmetterlingsarten auch Fledermäuse, die im Dachstuhl der Lengenbachkirche wohnen.

Ausgangspunkt: Parkplatz bei der Wallfahrtskirche Maria Lengenbach, 485 m, Navi: 92364 Deining, Zum Lengenbach 2. Bushaltestelle: Höhenberg Gotenstr.
Markierungen: Jurasteig-Mariahilfschlaufe.

Anforderungen: Leichte Wanderung mit mehreren Anstiegen, zwischen Lähr und Höhenberg teilweise schmale, aber gut zu gehende Pfade.
Einkehr: Ghs. in Höhenberg.
Sehenswertes: Wallfahrtskirchen Mariahilf und Maria Lengenbach.

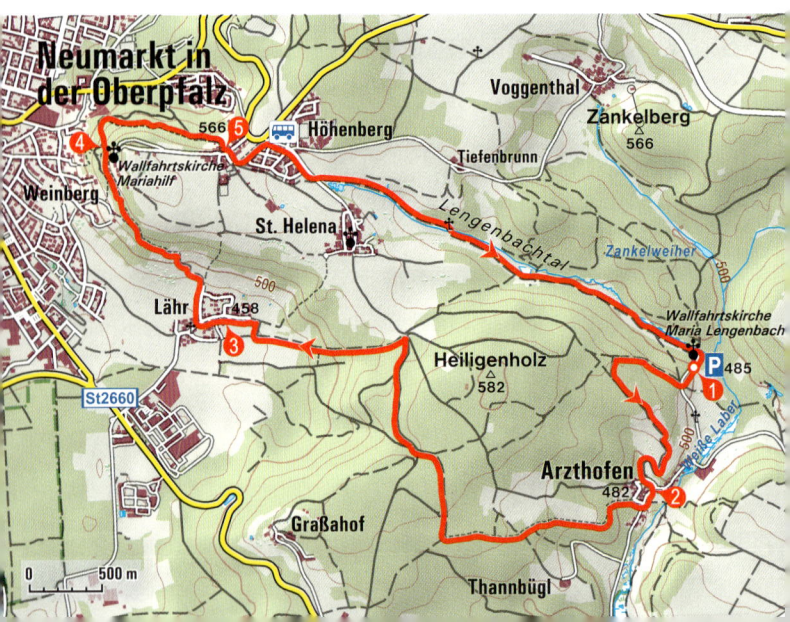

Quelle im Lengenbachtal.   *Mariahilf hoch über Neumarkt.*

Vom Parkplatz bei der Wallfahrtskirche **Maria Lengenbach** ❶ auf der Zufahrtsstraße ein Stück zurück und zur Straße (Eichenstraße) und nach gut 200 m rechts in den Wald. Mit der Mark. des Jurasteigs durch den schönen Kiefernwald über den Rücken des Schellenbergs. Aussichtsreicher Abstieg über eine Wiese und einen geschotterten Weg nach **Arzthofen** ❷. Rechts durch den Ort und nach knapp 150 m, wenige Meter nach der Wandertafel 4097, wieder rechts. Geradeaus auf einen Forstweg und auf diesem bergauf zu einer Wiese. An dieser am linken Rand entlang und mit der Mark. durch den Wald bis zur Wandertafel 4096. Hier rechts, an einem Windrad vorbei, und durch den Wald weiter zu einer Wegkreuzung mit Blick auf ein weiteres Windrad. Rechts auf deutlich breiterem Forstweg weiter zu einem Parkplatz und dort (Wandertafel 4064) links hinunter nach **Lähr** ❸. Kurz vor den ersten Häusern rechts und gleich wieder links in den Ort, bis der Maisweg nach rechts abzweigt. Auf diesem bergauf und auf schönem Weg wunderschön über die Felder und Wiesen, schließlich auf schmalem Steig durch den Wald bis unter die Wallfahrtskirche **Mariahilf.**
Der Pfad führt am unteren Rand einer eingezäunten Wiese entlang bis zum **Kreuzweg** ❹ (Wandertafel 4056). Ein kurzer Abstecher führt hinauf zur Kirche mit schönem Ausblick auf Neumarkt. Ansonsten geht es auf dem Kreuzweg bergab bis zur Wandertafel 4095 und rechts auf den Karlssteig, der durch den Wald hinauf nach **Höhenberg** ❺ führt. Mit der Mark. durch den Ort bis zu einem Parkplatz zwischen Höhenberg und Helena. Ab hier geht's nur noch bergab: Durch das wunderschöne Lengenbachtal wandert man genussreich zur Wallfahrtskirche **Maria Lengenbach** ❶.

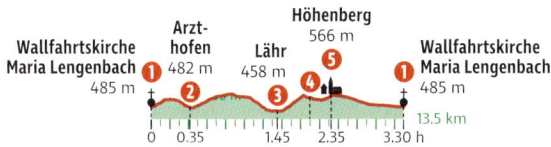

↗ 340 m | ↘ 340 m | 8.8 km

51 Nach Sulzbürg

2.30 h

Aussichtsreicher Inselberg über dem Main-Donau-Kanal

Der Höhenzug zwischen Galgenberg, 542 m, und Schlüpfelberg, 573 m, bietet dank seiner isolierten Lage schöne Ausblicke – und mit Sulzbürg, das eingebettet zwischen den beiden mittleren Erhebungen Schlossberg, 570 m, und Badberg, 560 m, liegt, einen kleinen, beschaulichen Ort.

Ausgangspunkt: Parkplatz beim Waldfriedhof von Mühlhausen, 430 m. Navi: 92360 Mühlhausen, Friedhofstr. Bushaltestelle: Mühlhausen, Am Rohrfeld.
Markierungen: Im Bereich Schlüpfelberg teilweise weiß-blau-weiß (stark verblichen); am Schlossberg gibt es mehrere Wege, die den Berg umrunden und nur lückenhaft mit Nummern markiert sind.
Anforderungen: Anstiege auf schönen Pfaden. Der Schlossberg wird von mehreren Steigen in unterschiedlichen Höhen umrundet, mehrere Varianten sind hier möglich. Etwas kompliziert ist die Wegführung am Rückweg bei der Querung des Schlüpfelbergs, alternativ Rückweg am Anstiegsweg.
Einkehr: Ghs. La Dolce Vita (Alte Post) in Sulzbürg; Ghs. in Mühlhausen.
Sehenswertes: Das Landl-Museum im alten Schulhaus in Sulzbürg zeigt eine Vielzahl von Zeugnissen aus alter Zeit, geöffnet an Wochenenden 14–16 Uhr (www.sulzbuerg.de).
Tipp: Für Kinder schöner Spielplatz am Schlossberg.

Die Wanderung beginnt im Tal bei **Mühlhausen** am **Waldfriedhof** ❶. Bei der großen Eiche, die 1871 nach dem Ende des deutsch-französischen Kriegs gepflanzt wurde, folgen wir dem linken Weg und biegen nach wenigen Metern rechts in einen bergauf führenden Waldweg. Bei einer Weggabelung rechts halten (gleich darauf Mark. weiß-blau-weiß) und durch einen Hohlweg bergauf zu einer Verflachung. Dort bei einer Wegverzweigung rechts durch den Buchenwald steil auf den **Schlüpfelberg** ❷ mit Ringwall. Ein kurzer Abstecher führt rechts zu zwei Bänken und schöner, wenn auch langsam zuwachsender Aussicht auf Sulzbürg. Geradeaus weiter und durch einen tief eingeschnittenen Hohlweg hinab in den weiten Sattel zwischen Schlüpfel- und Badberg. Hier verlassen wir den Wald und folgen ein paar Meter dem Feldweg, bis links ein Weg abzweigt, der nach einem kurzen Anstieg den Badberg aussichtsreich und nahezu eben südseitig umrundet und nach

Blick vom Badberg über Sulzbürg auf den Schlossberg mit seinen beiden Kirchen.

Sulzbürg ❸ führt. Beim Marktplatz links (Tafel »Wanderwege Sulzbürg und Umgebung« und Ww. »Familienerholungs- und Tagungsstätte Sulzbürg«), dann gleich wieder links in die Weingasse und vor dem letzten Haus rechts auf einen schmalen Wiesenpfad, der am Zaun entlang in den Wald führt. Bei einer Bank mit Tisch auf einen Forstweg, hier kurz rechts, bis nach 20 m rechts ein Pfad abzweigt. Auf diesem in Serpentinen kurz bergauf, dann nordseitig um den **Schlossberg** ❹ herum. Schließlich wenige Meter bergab auf einen kreuzenden Hohlweg und gegenüber an der Bergstation eines Schlepplifts vorbei zum versteckten Pandurenloch, einer kleinen Höhle im Sandstein des Schlossbergs. Zurück zum Hohlweg und dort wenige Meter hinauf auf die Hochfläche des Schlossbergs. Rechts haltend in einem Bogen zu den beiden Kirchen und aussichtsreich am Rand der Hochfläche um den Spielplatz herum zu einem Kreuz. Dort rechts auf einem Teerweg wieder hinunter zum Marktplatz von **Sulzbürg** ❸.

Am höchsten Punkt der Straße links und durch die Straße »Badberg« (Nr. 2) auf den gleichnamigen Hügel **Badberg** ❺. Über das aussichtsreiche Plateau und am Ende auf schmalem Weg durch den Wald bergab zu einem kreuzenden Weg. Rechts haltend zu einer Wiese und dann links unterhalb einer Bank vorbei auf einen Fahrweg, der rechts hinüberführt in den weiten Sattel zwischen Schlüpfelberg und Badberg, wo wir auf den Anstiegsweg treffen. Ab hier folgt man am besten den weiß-blau-weißen Markierungen, die zuverlässig, wenn auch auf sehr schwer zu erkennenden Steigen, südlich um den Schlüpfelberg herum leiten und oberhalb des Friedhofes wieder auf den Anstiegsweg treffen. Auf diesem wandert man zurück zum Parkplatz beim **Waldfriedhof** ❶ von **Mühlhausen**.

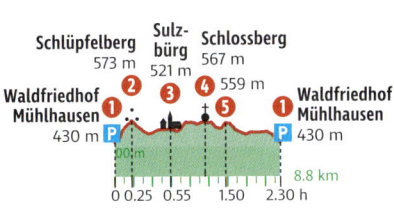

↗ 250 m | ↘ 250 m | 11.2 km

52 Sanfte Höhen über Deining

3.00 h

Abwechslungsreiche Runde über dem Labertal

Der aussichtsreiche Wiesenrücken des Kreuzbergs sowie das malerische Labertal prägen das Landschaftsbild von Deining. Der alte Ortskern befindet sich mitten im wunderschönen Tal der Weißen Laber, das hier nur wenig Platz bietet, sodass die Neubaugebiete oben auf der Hochfläche angesiedelt sind. Zu den Höhepunkten der Rundwanderung zählen der aussichtsreiche Kreuzberg sowie Abschnitte des Bahnwegs, der wunderschön das kupierte Gelände zwischen Deining und dem Bahnhof durchquert.

Ausgangspunkt: Parkmöglichkeiten in Deining-Bahnhof, 485 m, Zufahrt von der Straße Mühlhausen-Neumarkt oder Anreise per Bahn möglich. Navi: 92364 Deining, Eichenstr.
Markierungen: Im Labertal folgt der Weg dem gut markierten Jurasteig sowie dem Wasser- und Mühlenweg, kurz vor Deining Mark. Kreuzweg, in Deining Mark. Biberweg, anschließend auf dem Bahnweg zurück zum Ausgangspunkt.
Anforderungen: Leichte Wanderung mit stetem Auf und Ab auf überwiegend breiten Wegen.
Einkehr: Ghs. in Deining.
Sehenswertes: Eisenbahnbrücke über die Weiße Laber, Kreuzberg (Aussichtspunkt), Felsenschlucht im Doggergestein.

Vom Parkplatz in **Deining-Bahnhof** ❶ zur Staatsstraße (Eichenstraße) und auf dem Radweg Richtung Labermühle (Ww. »Radweg Deining 4 km«, »Wasser- und Mühlenweg 2,5 km«) leicht fallend ins Labertal, wo man gleich nach der Labermühle einen kurzen Abstecher zur **Ulrichskapelle** ❷, 150 m, machen sollte. Anschließend auf dem Radweg weiter und unter der Eisenbahnbrücke hindurch bis zu einer Bank mit der Tafel »Bienen-Lehrpfad«. Dort rechts und der Mark. des Jurasteigs folgend auf einem schönen Weg durch den Wald. Am Waldrand links (Mark.) und an einem Steinbruch vorbei auf eine Straße, die nach Mittersthal hinaufführt. Auf dieser bis zu einer großen Linde mit Bank und gleich danach links (Mark.) auf einen Wiesenweg, der wunderschön über die Trockenrasenhänge führt und einen Ausblick ins Labertal ermöglicht.

Kurz vor Deining trifft man auf den Kreuzbergweg, der rechts hinaufführt zu drei großen Kreuzen, mit schönem Blick über den Ort. Über die Wiese hinunter zu der einladenden Holzliege, rechts auf einem Wiesenweg über die Hänge und hinunter zum unterhalb verlaufenden Weg, der links an Streuobstwiesen vorbei zurück zum Kreuzweg führt. Bei hohem Gras verzichtet man lieber auf diesen Schlenker und steigt direkt über den

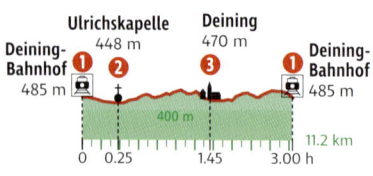

Lohnender Abstecher: Felsenkeller am Ortsrand von Deining.

Kreuzweg ab. Auf diesem nach **Deining** ❸, bei der Feuerwehr kurzer Abstecher nach rechts zur Felsenschlucht (Ww.), und dann durch die Kreuzbergstraße zum Info-Point mit Ortsplan und Wanderkarte. Der Hauptstraße folgen und nach rund 130 m links auf einen Fußweg (Mark. »Biberweg«), der wunderschön durch das Tal zum Gemeindeweiher führt.

Links an dem Teich vorbei und links durch den Espanweg zur Leutenbacher Straße. Rechts und gleich wieder links in den Bahnweg (Mark.), der einen ohne Orientierungsprobleme durch Wälder und über traumhafte Wiesen und Täler zurück zum Bahnhof im Ortsteil **Deining-Bahnhof** ❶ bringt.

↗ 335 m | ↘ 335 m | 18.6 km

53 Der Malerweg bei Parsberg

4.30 h

Idyllische Plätze im Tal der Schwarzen Laber

Fotogen ist Parsberg bereits mit seiner Burg, wo im Sommer die Burgspiele stattfinden. An malerischen Punkten herrscht auch in der Umgebung kein Mangel, wie die Reproduktionen von Bildern verschiedener Künstler entlang des Malerwegs zeigen – das sanft eingeschnittene Tal der Schwarzen Laber zieht Künstler und Besucher in seinen Bann.

Ausgangspunkt: Tiefgarage in der Ortsmitte von Parsberg, 530 m. Navi: 92331 Parsberg, Zum Mallersdorfer Grund. Alternativ Start beim Bahnhof.
Markierungen: Auf dem Malerweg Symbol Pinsel, dazu die Zahlen 1–4; Abstecher auf die Adelburg zusätzlich mit blauem Strich auf weißem Grund mark.; ab dem Bahndamm bei Darshofen gelbes Kreuz auf weißem Grund.

Anforderungen: Recht lange Wanderung durch ein sonniges Tal. Rückweg auf einsamen Forst- und Teerstraßen, am Ende schattiger Wald. Orientierungsprobleme evtl. beim Abstecher auf die Adelburg.
Einkehr: Unterwegs keine; Ghs. in Parsberg.
Tipp: Burgspiele im Innenhof der Parsberger Burg (Juni–Juli, www.burgspiele-parsberg.de).

Station am Malerweg: Landschaft real und aus dem Blickwinkel einheimischer Maler.

In **Parsberg** ❶ entlang der Straße bergab (Ww.) nach **Hammermühle** ❷. Flussaufwärts (Ww. »Malerweg«) durch das Labertal zur **Bienmühle**, auf einer Brücke über die Schwarze Laber, nach kurzem Anstieg links (Ww.) und durchs traumhafte Tal zur **Steinmühle**. Kurz den Talboden verlassen und rechts bergauf zum **Parkplatz** ❸ an der **St 2220**, wo links eine Straße hinunterführt nach Darshofen. Vor der Brücke über die Schwarze Laber geradeaus weiter (Ww.) und auf einem Feld-, später Wiesenweg nach **Klapfenberg**. Im Ort links zum Gastelshofer Weg und diesen hinunter ins Labertal. Südlich des Flusses auf der Teerstraße bergauf und in der Linkskurve geradeaus in den Schotterweg, der leicht ansteigend nach **Haag** führt.

Nach dem Weiler dem Ww. »Adelburg« folgend durch Wald auf die Waldkuppe, auf der man vom Weg aus die Mauerreste der **Adelburg** ❹ gut erkennen kann. Auf der anderen Seite des Hügels bergab auf eine Forststraße und links, bis man auf dem bereits bekannten Weg zum Ww. »Adelburg« absteigt. Dort auf der Straße mit dem Ww. »Malerweg, Variante 1 und 2« nach rechts bei einer Hecke, am Beginn der Wiesen, links (Ww. »Malerweg, Variante 2«) zur Straße Eichenhofen – Parsberg. Diese 70 m nach links, dann rechts in einen Feldweg und nach **Krappenhofen** ❺. Bei der Bahntrasse links nach **Darshofen** ❻ und vor dem markanten Pfaffenfelsen rechts in die Straße »Eglwanger Steig« (Ww.). Nach der Bahnunterführung links, vor einer Hecke rechts auf einem Pfad in den Wald und links (Mark.) zurück nach **Parsberg**. Durch den Brennerbergweg und die Darshofener Straße gelangen wir zurück zum Ausgangspunkt in der **Ortsmitte** ❶.

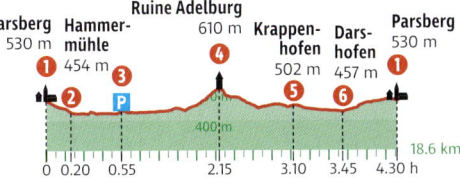

↗ 260 m | ↘ 290 m | 15.6 km

54 Von Beratzhausen nach Deuerling

4.00 h

Stille Talwege abseits der Straßen

Die Schwarze Laber ist ein Musterbeispiel für einen naturbelassenen Fluss. Selbst Straßen wurden in einem großen Bogen um das Tal angelegt, sodass Wanderer und Radfahrer die Stille genießen können.

Ausgangspunkt: Bahnhof Beratzhausen, 458 m. Navi: 93176 Beratzhausen, Bahnhofstr.
Endpunkt: Bahnhof Deuerling, 432 m. Zug-Rückfahrt nach Beratzhausen.
Markierungen: Bis ins Labertal grüne Balken und Punkte. Im Labertal rotes Dreieck, kurze Variante am Taleingang nicht markiert.

Anforderungen: Lange Tour durch das sehr ursprüngliche Tal der Schwarzen Laber. Am Schluss ein kurzer Anstieg auf schmalem Pfad, sonst flache, gute Wege.
Einkehr: Landghs. Friesenmühle (Mi Ruhetag); Ghs. in Laaber, Landghs. Hartlmühle, Brotzeitstubn Münchsmühle.
Sehenswertes: Die unverfälschte Natur im Labertal.

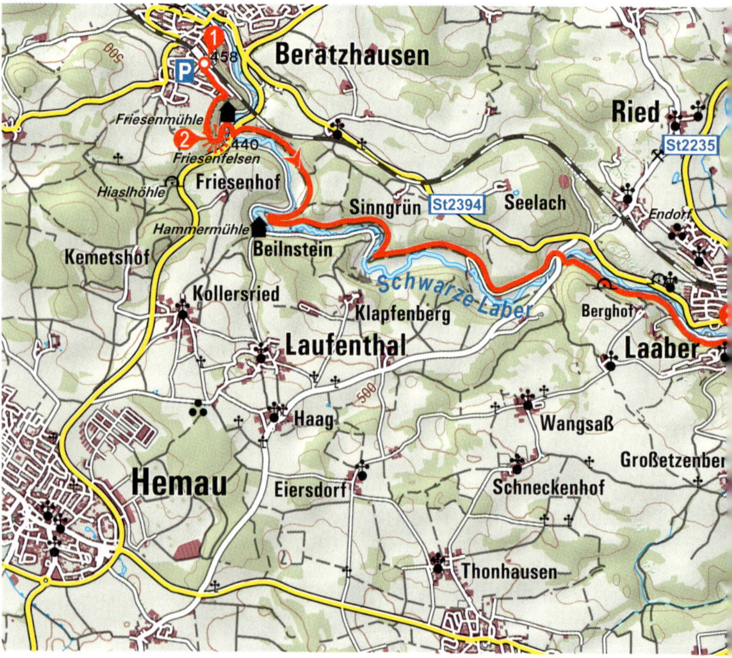

In **Beratzhausen** ❶ durch die Bahnhofstraße in die Birkenstraße und am Ende rechts in einen Kiesweg, der direkt zur Friesenmühle hinabführt. Schöner ist ein kurzer Umweg, bei dem wir den Kiesweg rund zehn Meter nach einem Strommasten nach rechts verlassen. Kurz vor den Häusern bei einer Bank links und erst am Waldrand, dann durch den Wald (bei einer Weggabelung links) zum **Friesenfelsen** ❷ mit schönem Blick über das Tal der Schwarzen Laber. Wegspuren führen quasi parallel, aber etwas unterhalb des Zustiegs in ein Tälchen, durch das man ins Labertal absteigt. Unten links zum Landgasthof Friesenmühle und mit der Mark. rotes Dreieck rechts am Hof vorbei zur Straße, die man mit einer Schleife zum Bach gefahrlos queren kann.

Wunderschön: Trockenrasen beim Schlussanstieg nach Deuerling.

Platz zum Rasten: Wegkapelle kurz nach der Münchsmühle.

Beim Parkplatz auf der anderen Straßenseite beginnt der Weg durchs Labertal, wobei man anfangs einen Steig wählen kann, der links durch die Trockenrasenhänge hinaufführt und nach einer aussichtsreichen Schleife rund 550 m weiter wieder den Talboden erreicht (keine Mark., etwas zugewachsen). Ab hier auf schönen Wegen flussabwärts (man bleibt immer auf der linken Talseite!), bis man kurz nach dem Lindenhof auf eine Straße trifft. Auf der Brücke rechts über die Schwarze Laber, danach wieder links und auf der rechten Talseite über traumhafte Wege zur Augasse in **Laaber** ❸. Kurz Richtung Ortsmitte, nach der Brücke über die Schwarze Laber rechts in einen Fußweg und bei der zweiten Brücke erneut über die Laber. Beim Kindergarten links und vor der Brücke rechts abbiegen.

Auf schönen Wegen durch Wald und über Wiesen mal entlang der Laber, dann etwas oberhalb am Hang weiter, an einem Campingplatz vorbei, bis zur **Münchsmühle** ❹. Kurz nach der Einkehr kommt man zu einer Straße, auf der man links haltend die Schwarze Laber überquert und auf der anderen Talseite auf einen kleinen Steig trifft, der über die Trockenrasen des Pfaffenbergs zum Bahnhof **Deuerling** ❺ hinaufführt.

↗ 370 m | ↘ 370 m | 14.1 km

4.00 h

Rund um Schönhofen 55

Heile Natur zwischen Felsen, Wäldern und Wiesen

Im Unterlauf, kurz vor der Einmündung in die Donau, zeigt sich das sanfte, fast liebliche Tal der Schwarzen Laber von seiner schönsten Seite. Zu den Höhepunkten der Runde zählen die inmitten von Trockenrasen gelegenen Felsgruppen rund um Schönhofen. Durch einige der imposanten Abbrüche führen teils rechts anspruchsvolle Kletterrouten.

Ausgangspunkt: Wanderparkplatz südl. von Schönhofen, 372 m, beim Klärwerk an der Straße nach Eilsbrunn. Navi: N49.002599, E11.967860. Bushaltestelle: Schönhofen, Gh. Feuerer.
Markierungen: Entlang der Schwarzen Laber liegendes Dreieck (rot), zwischen Alling und Eilsbrunn liegendes Dreieck (grün). Der Alpine Steig ist blau bez. (bis Schönhofen identisch mit Jurasteig).

Anforderungen: Traumtour auf schönen Wegen und Steigen, die im Bereich des Alpinen Steigs auch etwas felsig sind.
Einkehr: Brauereighs. Röhrl in Eilsbrunn; Naturfreundehaus Alpiner Steig (geöffnet meistens Sa/So/Fei, Infos unter www.naturfreunde-regensburg.de).
Sehenswertes: Felsgruppen; Trockenrasenhänge über der Schwarzen Laber.

Zeit zum Schauen: auf dem Alpinen Steig über Schönhofen.

161

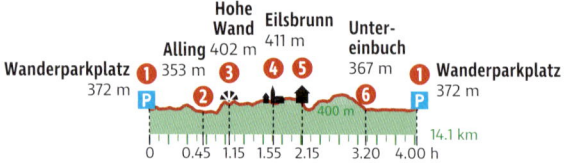

Vom **Wanderparkplatz** ❶ über die Straße und gegenüber mit dem roten Dreieck am Fuß der Waldhänge flussabwärts nach **Alling** ❷. Geradewegs weiter zu einer Brücke über die Schwarze Laber (außerhalb des kleinen Orts) und links auf einem Pfad über eine Wiese Wiese (Mark., Ww. »Eilsbrunn«) in den Wald. Links haltend (Mark., Ww.) in einer Serpentine auf die Hochfläche, bis links ein schmaler Steig abzweigt. Auf diesem (die ehemaligen Mark. wurden überstrichen) zum Rand der Hochfläche. Dort trifft man auf einen vom Tal kommenden Steig und folgt diesem (Mark. »grüner Punkt«) zum aus-

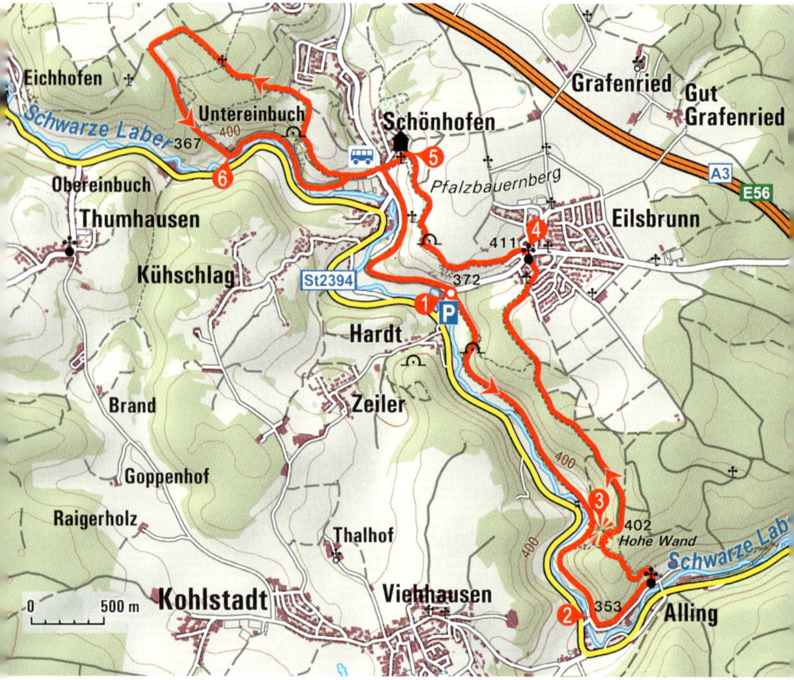

Nordwestlich von Schönhofen kommt man direkt an den Kletterfelsen vorbei.

sichtsreichen Felsen der **Hohen Wand** ❸. Von dort auf Wegspuren bergauf und nach 100 m auf eine Straße. Links, bei einer Weggabelung wieder links (Mark.) und in einer Linkskurve geradeaus in einen Waldweg (Mark.). Mit dem grünen Pfeil geradeaus durch den Wald nach **Eilsbrunn** ❹ und in die Muggenthalerstraße. Nach rund 80 m links auf einem Fußweg zur Kirche und zum Brauereigasthaus Röhrl. Mit dem Ww. »Alpiner Steig, Schönhofen« zum Ortsrand und über eine Wiese zum Oberen Steig, der durch die fotogenen Felsgruppen des Pfalzlbauernberges zum Naturfreundehaus leitet. Mehrere Steige durchziehen die Hänge, wir halten uns an den ausgeprägtesten (Mark. Jurasteig): Er führt oberhalb der größten Felsen vorbei zu Aussichtspunkten über Schönhofen und zum **Naturfreundehaus Alpiner Steig** ❺. Vor diesem geht es auf einem Wiesenpfad in den Ort **Schönhofen**. Bei einer Übersichtstafel schräg über die Nittendorfer Straße in die Straße Am Sportplatz. Kurz vor dem Ende des Sportplatzes rechts auf einen leicht ansteigenden Pfad, der über Trockenrasen und mit der Mark. blauer Strich entweder am Fuß einer senkrechten Felswand entlang oder oberhalb der Kletterfelsen vorbei auf die Hochfläche und zu einer Bank führt.

Weiter in ein Waldstück (Mark.) und dahinter links über eine Wiese leicht bergauf in den Wald. Bei einer Weggabelung halbrechts (Mark.) und immer geradeaus durch den Wald. Am Waldrand links (Mark.) und nach knapp 200 m durch ein Wiesentälchen links bergab (anfangs nur Fahrspuren, keine Mark.) nach **Untereinbuch** ❻. Auf dem Radweg nach links (Mark. roter Pfeil), unter den bei Kletterern beliebten Felsen vorbei zum Sportplatz und in die Nittendorfer Straße. Rechts, nach 170 m links in den Nadelspitzweg und zum Ausgangspunkt am **Wanderparkplatz** ❶.

STICHWORTVERZEICHNIS

A
Adelburg 157
Affenberg 30
Agbachtal 98
Aicha 73
Aichmühle (Titting) 67
Allersfelden 125
Alling 162
Altenwassertal 66
Altmannstein 140, 142
Altmühlmünster 128
Altmühlsee 16, 36
Altmühltal 17
Altmühltaler Abenteuerpark 113, 116
Altmühltherme Treuchtlingen 58
Amerbach 57
Anlautertal 17, 66
Archäologischer Lehrpfad Schellenburg 92
Arnsberg 86
Arzberg 115, 116, 117
Arzthofen 151
Auerbach i. d. OPf. 19
Auer Berg 48

B
Bachhaupt 127
Bachhaupter Laber 124, 126
Badberg 153
Bayerischer Jura 19
Bechthal 76
Befreiungshalle Kelheim 145
Beilngries 110, 113, 116
Beratzhausen 158
Berching 19, 107, 112
Bergwaldtheater Weißenburg 61
Biberbach 111
Bienmühle 156
Bischofsweiher 29
Bismarckturm Weißenburg 65
Blautopf 138
Böhming 18, 91
Breitenbrunn 122, 124, 126

Breitenbrunner Laber 119
Breitfelsen 120
Brombachsee, Großer 16, 40
Brombachsee, Kleiner 16
Brückkanal 148
Brunnweiher 28
Buch (Breitenbrunn) 126
Büchelberg 38
Bucher Berg 126
Burg Altmannstein 142
Burg Bechthal 67
Burg Breitenegg 127
Burg Kipfenberg 18, 90, 91
Burg Liebeneck 103
Burg Pappenheim 68
Burg Parsberg 156
Burg Rabenstein 133, 134
Burg Randeck 137
Burg Rumburg 94
Burgsteinfelsen 78
Burg Tachenstein 133, 134
Bürgtal 45

C
Cobenzl-Loch, Höhle 83

D
Dachssteig 89
Darshofen 157
Deining 154
Deising 128
Deuerling 158
Dichterfelsen 135
Dietfurt a. d. Altmühl 19, 116, 119, 121
Dinosaurier-Park Altmühltal 23, 116
Dohlenfelsen 72
Dollnstein 17, 76, 78
Donaudurchbruch 17, 19, 144
Donautal 54
Donauwörth 54
Doosweiher 57

E
Eggmühl 129
Ehinger Berg 26
Ehtal 127

Eichstätt 19, 82, 84
Einthal 135
Enderndorf 41
Enkering 93
Erasbach 104
Erlsbachwald 31
Ernersdorf 109
Essing 137, 139
Eßlingen 70

F
Falkenhorst (Gundlfing) 132
Figurenfeld Hessental 84
Flügelsberg 128
Fossiliensammelstelle Titting 23
Fossiliensteinbruch Blumenberg 23, 80
Fossiliensteinbruch Mühlheim 23
Fossiliensteinbruch Schamhaupten 23
Fränkisches Seenland 16
Frauenbergkapelle Eichstätt 83
Friedrichsruh 136
Friedrichsthal (Ehingen) 28
Friesenfelsen 159

G
Gaisberg 115
Galgenberg 43, 141, 152
Gebersdorf 53
Geografischer Mittelpunkt Bayerns 91
Glockersteig 88
Graben (Treuchtlingen) 59
Greding 98, 101
Großweingarten 45
Gundlfing 130, 132
Gungolding 86
Gungoldinger Wacholderheide 86

H
Haag (Seuberdorf i. d. OPf.) 157
Haas (Dietfurt) 122

GEOPARK RIES
Europas Riesiger Meteoritenkrater

Den Krater erleben

Erkunden Sie die faszinierende Geologie, einmalige Natur und jahrtausendealte Besiedlungsgeschichte des Meteoritenkraters.

Prospekte kostenlos anfordern unter
www.geopark-ries.de

Geopark Ries e. V.
Pflegstraße 2
86609 Donauwörth
Tel.: 0906 74-6030
info@geopark-ries.de

GESCHICHTE IN ALLEN GASSEN

Unterwegs auf den Spuren von Römern und Ratsherren

Weißenburger Höhepunkte:
RömerMuseum / Bayerisches Limes-Informationszentrum / Römische Thermen & Kastell *Biriciana* / Hohenzollernfestung Wülzburg / Stadtmauer mit 38 Türmen / ReichsstadtMuseum / Bergwaldtheater

Infomaterial jetzt kostenlos bestellen!
Oder buchen Sie direkt eine Führung unter:
09141/907-124, tourist@weissenburg.de

www.weissenburg.de

Erlebnis Stadt:
Lassen Sie sich (ver)führen!

Tourist Info Gunzenhausen - Rathausstraße 12
91710 Gunzenhausen - Tel. 09831 508 300
www.gunzenhausen.de

Hagenacker 79
Hagenberg 107, 108
Hagsbronn 41
Hahnenkamm 34
Hahnenkammsee 32
Hammermühle 156
Hammerschmiede (Ehingen) 28
Hanfstinglmühle 142
Hard (Wellheim) 74
Haundorfer Weiher 37
Hechlingen 32
Heidenbergforst 46
Heidenheim 34
Heidenheimer Buck 35
Heimbach (Greding) 103
Herrnsberg 98, 100
Hesselberg 26
Hessenbühl 57
Hessental 85
Hirschberg (Beilngries) 115
Höhenberg 151
Hoher Brunnen 104
Hohes Kreuz (Eichstätt) 82
Hohe Wand 145, 163
Hollerstein 68, 69
Hubertusfelsen (Unteremmendorf) 96

I
Igelsbachsee 16, 41

J
Jägersteig 76
Jettingsdorf 108

K
Kaisinger Tal 101
Kalvarienberg Greding 100
Kapellbuck 33
Karlsgraben 58
Karlshöhle 149
Karlssteig 151
Kehl (Weißenburg) 64
Keilberg 42
Kelheim 19, 145, 147
Keltenschanze Ohlangen 50
Kinding 92, 95
Kindinger Klause 95, 97
Kipfenberg 90

Klamm, Naturwaldreservat 135
Klapfenberg 157
Klösterl, Einsiedelei 145
Kloster Plankstetten 110
Kloster Weltenburg 19, 146
Konstein 72
Kopffelsen (Dietfurt) 120
Kottingwörth 116
Krappenhofen 157
Kressensteig 91
Kreutberg, Naturschutzgebiet 140, 142
Kreuzberg (Dietfurt) 119
Kreuzelberg 75
Kreuzstein 47
Kristallmuseum 130
Kruzerloch (Krügerloch) 112
Kühberg 128
Kühedorf 47
Kupferweiher 47

L
Laaber 160

Lähr 151
Landeck 49
Landersdorf, Geschichtsdorf 52
Landershofen 85
Langenried 125
Langfelsen 96
Lehmingen 30
Lengenbachtal 150
Limes 17, 28, 84, 90, 143
Limesmuseum Ruffenhofen 26
Lintlhof 135
Lochwand 73
Lohmühle 88
Ludwigskanal (Ludwig-Donau-Main-Kanal) 109, 139, 148
Ludwigswald 60

M
Mainburg 19
Malerweg Parsberg 156
Maria Brünnlein, Wallfahrtsbasilika 56
Mariahilf (Neumarkt i. d. OPf.), Wallfahrtskirche 150
Maria Lengenbach, Wallfahrtskirche 150
Marienklause 114
Massendorf 45
Massendorfer Schlucht 44
Maxberg 71
Meihern 129
Mettendorf 103
Michelsberg 90, 145
Mörnsheim 18, 71

Mühlbach (Dietfurt) 119, 120
Mühlberg 74
Mühlhausen, Markt 152
Muhr am See 36, 38
Muttenhofen 123

N
Nagelberg 59
Napoleonstein 55
Naturpark Altmühltal 17
Neumarkt i. d. OPf. 19, 150
Nördlingen 16
Nördlinger Ries 16

O
Obereichstätt 80
Oberhochstatt 64
Oberlandsteig 72
Oberpfälzer Juratäler 19
Oettingen 30

P
Pandurenloch 153
Pappenheim 68
Pappenheimer Weinberg 68
Parsberg 156
Pfaffenberg 160
Pfaffenfelsen 157
Pfünz 85
Pietenfeld 84
Plankstetten 110
Premerzhofen 122
Prunn 136

R
Rachental 109
Rauchenbergsteig 89
Rechenberg 34

Regensburg 19
Reuther Platte 50, 53
Riedenburg 130, 133, 134
Röckingen 26
Rohrberghaus 65
Römerkastell Pfünz 85
Roßkopf 128
Roter Berg 32
Röthenbach 148
Rothsee 16
Rudertshofener Graben 108
Ruffenhofen 26

S
Saufelsen (Unteremmendorf) 96
Schäfstall 54
Schambachtal 17, 88, 140
Schambach (Treuchtlingen) 88
Schellenburg 93
Schellenburg, Archäologischer Lehrpfad 92
Schernfeld 81
Schillbuck 47
Schloss Arnsberg 87
Schloss Hirschberg 113, 115
Schlößleinsbuck 27
Schloss Prunn 134
Schloss Rosenburg 130
Schlüpfelberg 152
Schnackenmühle 36
Schnackenweiher 36
Schnittlinger Loch 40, 43
Schönfeld (Schernfeld) 79
Schönhofen 161

Wandern im Altmühltal

Machen Sie einen Abstecher ins Urdonautal!

Genießen Sie die herrliche Landschaft des Urdonautals auf der Schlaufe 11 des Altmühltal-Panoramawegs zwischen Dollnstein und Wellheim.

Touristinfo Dollnstein • Tel.: 08422 / 1502 • www.dollnstein-info.de • kontakt@dollnstein-info.de
Touristinfo Wellheim • Tel.: 08427 / 1513 • www.wellheim.de • poststelle@wellheim.bayern.de

Schulerloch 139
Schwarzachschlucht 148
Schwarzachtal 103, 148
Schwarze Laber 156, 158
Schwarzenbruck 149
Schwimbach 48
Sebastiansquelle 124
Seezentrum Gunzenhausen-Schlungenhof 39
Seezentrum Muhr am See 39
Siegenhofen 31
Sinderlach 39
Sollern 141
Solnhofen 70
Spalt 40, 43, 44
Speckweiher 36
Spitalwald 46
Steinberger Weiher 36
Steinbruch Arzberg 118
Steinerne Rinne 32, 34, 104, 106
Steinertal 141
Steinmühle 156
St. Sebastian, Wallfahrtskirche 124, 126
Sulz 117
Sulzbürg 152
Sulztal 110

T
Teichlehrpfad Altmühlsee 36
Teufelsfelsen (Jachenhausen) 132
Teufelskanzel (Solnhofen) 70
Thalmässing 48, 50, 53
Titting 67
Treuchtlingen 19, 58

U
Ulrichskapelle (Deining) 154
Unterbürg 122
Untereinbuch 163
Unteremmendorf 95
Ur-Donau 17
Urdonautalsteig 77

W
Wacholdertal (Altmannstein) 140, 142
Waizenhofen 52
Waldschänke Brückkanal 148
Weidenwang 105
Weihermühle 138
Weiße Laber 119, 122, 154
Weißenburg i. Bay. 18, 60, 62
Wellheim 74
Wellheimer Trockental 17, 72, 74
Weltenburg 17, 144
Weltenburger Enge, Naturschutzgebiet 19, 144
Wemding 56
Wemdinger Platte 56
Wieserkreuz 147
Wildrosengarten Bucher Berg 126
Willibaldsburg 83
Wissinger Laber 122, 124, 126
Wodansburg 114
Wolfsberg 120
Wolfsbronn 34
Wülzburg 62

Z
Zeitpyramide Wemding 56
Zimmern 68
Zirgesheim 54
Zweiseenplatz 41
Zwölf Apostel, Felsformation 70

Wandern im Laber- und Altmühltal

Wasser- und Mühlenweg & Burgensteige erleben!
Kostenlose Wanderkarte: Tel. 09181 47 02 53
www.tourismus-landkreis-neumarkt.de

Rother Touren App

Holen Sie sich unsere Wanderführer als App!

So funktioniert es:

➜ Kostenlose Rother App vom App Store bzw. Google Play Store laden

➜ Bis zu fünf vollwertige Beispieltouren aus jedem verfügbaren Guide unbegrenzt testen

➜ Bequem direkt aus der Rother App den gewünschten Guide komplett erwerben*

* je nach Guide 5,99-13,99 €

www.rother.de/app

Noch mehr Wanderglück ...

ROTHER | WWW.ROTHER.DE

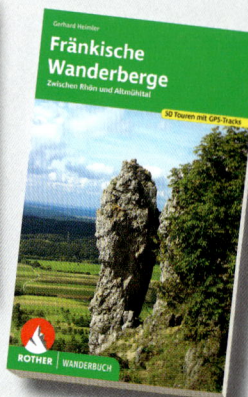
 WWW.ROTHER.DE

Umschlagbild:
Das Altmühltal von seiner schönsten Seite: in Essing.

Bild im Innentitel:
Typisch Altmühltal: im Tal der Fluss, Felder und kleine Dörfer, darüber Trockenrasen, Wälder, Felsen und Burgen.

Bild S. 24/25: Schloss Arnsberg hoch über einer Schleife des Altmühltals.

Alle 100 Fotos stammen vom Autor, mit Ausnahme der Bilder auf den Seiten 31, 56, 60, 75, 127, 140, 142 (Moritz Attenberger).

Kartografie:
54 Wanderkärtchen im Maßstab 1:50.000,
eines im Maßstab 1:75.000 (Tour 54)
Geodaten © OpenStreetMap und Mitwirkende,
kartografisches Design Freytag & Berndt Prag.
Zwei Übersichtskarten im Maßstab 1:700.000 und 1:2.000.000
© Freytag & Berndt, Wien.

Die Ausarbeitung aller in diesem Führer beschriebenen Wanderungen erfolgte nach bestem Wissen und Gewissen des Autors. Die Benützung dieses Wanderführers geschieht auf eigenes Risiko. Soweit gesetzlich zulässig, wird eine Haftung für etwaige Unfälle und Schäden jeder Art aus keinem Rechtsgrund übernommen.

6., überarbeitete und erweiterte Auflage 2022
© Bergverlag ROTHER GmbH, München
ISBN 978-3-7633-4315-7

Wir freuen uns über jeden Korrekturhinweis zu diesem Wanderführer!
Bitte per E-Mail an: leserzuschrift@rother.de

ROTHER BERGVERLAG · Keltenring 17 · D-82041 Oberhaching
Tel. +49 89 608669-0 · www.rother.de